リック式「右脳」メソッド　ロング新書

ヤバいくらい使える

日常動作 英語表現

1100

リック西尾

リーディング

1回読み通したらワンチェック。

1	2 40回に挑戦!!	3	4
9	10	11	12
17	18	19	20
25	26	27	28
33	34	35	36

チェック チャート
さあ40回のリーディングに挑戦!!

5	6	7	8
13	14	15	16
21	22	23	24
29	30	31	32
37	38	39	40

ゴール
おめで
とう!!

ま　え　が　き

■まずは問題です

　以下の日本語を英語で表現してください。

---

①おしっこをする

②おならをする

③げっぷをする

④鼻をほじくる

⑤よだれを垂らす

⑥あくびを嚙み殺す

⑦タバコをふかす

⑧がつがつ食う

⑨そばをつるつる食べる

⑩ビールをごくごく飲む

⑪とぼとぼ歩く

⑫肩をすぼめる

⑬ページをパラパラめくる

⑭おいおい泣く

（本文より出題）

いかがでしょうか。いったい何問答えることができたでしょうか。意外と難しかったのではないでしょうか。

以上の日本語は、日常のありふれた動作であり、小学生でも簡単に表現できる内容です。しかし、これらを英語で言うとなると、そう簡単ではありません。なぜでしょうか。

その答えは簡単です。実は、私たちは、このような英語表現を学校で学習してこなかったからなのです。日本の学校の英語学習は文法教育が中心で、足早に難しいレベルの英語に進んでいきます。受験勉強とも相まって、私たちは、もっぱら難しい英単語や英語表現、英文法の習得に集中し、英会話の学習をおろそかにしてきました。ですから、簡単な日本語でも、英語で表現するとなると、それができないということになるのです。

■本書の活用について

英会話を習得するには、原点に返って、英会話に必要な基本的表現をはじめ、日常の様々な表現を覚えることが必要です。本来、それが何よりも優先されなければなりません。

本書は、日常の動作に限定し、朝起きてから夜寝るまでのあらゆる動作の表現を網羅しました。和英辞典から

5

1100の表現を抽出、それを構成し、1冊の本にまとめました。本書に掲載された表現を覚えれば、日常のあらゆる動作を英語で話すことが可能になります。また、英文の時制を変えたり、人称を変えたり、疑問文・否定文・命令文・依頼文などにすることによって、英語表現は無限に広がり、英会話力は飛躍的にアップします。

　本書の構成では、ページごとにテーマを定め、簡単なストーリー展開になっています。それは、各ページにおいて、まず右脳で状況をイメージしていただきたいからです。右脳で状況をイメージすることによって、英語を英語のまま習得できる効果があるのです。そして、イメージを活性化することで学習効果が促進され、容易に英語をマスターすることが可能になります。

　本文の英語の人称は、一人称の「I（私）」に統一しました。それは、英語を学習する人自身が、自分自身のこととして、英語を学習することが必要だからです。客観的な立場で英語を学習するのと、自分のこととして学習するのとでは、その効果はまったく違うものになります。
　ページごとに、主人公が会社員であったり、OLであったり、主婦や子供であったりしますが、自分が会社員、OL、主婦や子供になりきって読み返してください。主人公が不良少年、どろぼう、悪人などのページも出て

きますが、どうしても覚えていただきたい表現があるため、あえてこれらのページも設けました。

　また、本書は、動詞や熟語を覚えることを主眼にしているのではなく、私たちの生活に馴染み深い日常動作を、英語でどう表現するのかを習得することに目的を置いています。本文中に「服を着る」「パンツをはく」「帽子をかぶる」「靴をはく」といった表現が出てきますが、これらはみな同じ「put on」という英語を使います。そのため、簡単だと思える動詞や熟語が繰り返し出てくることになりますが、それは以上のような理由からなのです。

■反復の必要性について

　英語学習の秘訣は、とにかく反復することです。ピアノやゴルフなどが、たゆまぬ反復によって習得できるように、英語の習得にも同じことが言えます。にもかかわらず、従来の英語学習書に反復を意識してつくられたものが少ないことには驚かされます。

　本書は、学習の労力を最小限にとどめるため、各文章を極力短くしました。ですから、**本書は非常に簡単な文章で構成されていますが、しかし、実に重要な内容が濃縮されています**。簡単だからといって読み飛ばさずに、何度も反復し、空で言えるまでになってください。

巻頭にチェックチャートが用意してあります。そこにチェックしながら読み返してください。また、回を追うごとに、日本語を見て英語に言い換える訓練もしてください。40回読み終えたときには、英語の表現力が確実に増大し、英会話の力が飛躍的に身についていることを確信しています。

リック西尾

すべての英文の音声入り
無料音声
（1～4倍速対応）
ダウンロード
スマホでも聴けます！

本書の英文の音声は、パソコン・スマホ・タブレット端末のいずれでも無料でご利用いただけます。ダウンロードの詳細は、下記をご参照ください。

http://kklong.co.jp/nichijou

下のQRコードからもアクセスできます。

■2倍速、3倍速、4倍速でチャレンジしてみよう！

　最初は通常のスピードで英文を聞き、声に出して下さい。少し慣れてきたら2倍速でチャレンジして下さい。それにも慣れてきたら3倍速に、さらに4倍速にまでチャレンジして下さい。

　やっているうちに左脳の自意識が薄れ、情報が右脳に定着しやすくなります。右脳に定着した英語の情報が左脳につながれば、いつでも理解し表現ができるようになります。そして自然に英語が口から出てくるようになります。

　このチャレンジの過程で、日本語という振動数の低い言語に慣れ切っていた聴覚が鋭くなってくるのが分かります。聴覚が敏感になることによって、振動数の高い英文を聞き取る力が高まります。

　試しに、高速に慣れてきたら、少しスピードを下げてみてください。以前は聞きにくかった英文がハッキリ聞こえ、いつの間にか右脳に定着しているのが実感できるはずです。

〈指導・制作〉
　一般社団法人エジソン・アインシュタインスクール協会

代表　鈴木昭平

ヤバいくらい使える
日常動作 英語表現 1100

目　次

CONTENTS

リーディングチェックチャート 2

まえがき 4

Part 1 朝—*MORNING*

1 会社員—起床 16
2 会社員—洗面 18
3 OL—朝シャン 20
4 OL—朝食 22
5 会社員—排泄 24
6 OL—化粧 26
7 OL—戸締まり 28
8 母親—息子の起床 30
9 会社員—出勤 32
10 妻—見送り 34
11 OL—通勤 36
12 会社員—通勤 38
13 会社員—歩行 40
14 会社員—駅 42
15 会社員—駅構内 44
16 会社員—電車内 46
17 会社員—下車 48
18 社長—車による出勤① 50
19 社長—車による出勤② 52
20 会社員—出社 54
21 児童—登校 56
22 女子生徒—始業前① 58
23 女子生徒—始業前② 60

24 男子生徒—始業前 62
25 先生—授業 64
26 主婦—掃除① 66
27 主婦—掃除② 68
28 主婦—洗濯 70
29 主婦—整理 72
30 老人—散歩 74
31 老人—家庭菜園 76
32 赤ちゃん—居間 78
33 赤ちゃん—食卓 80
34 お母さん—食卓 82
35 幼児—公園 84

Part 2 昼—*AFTERNOON*

36 会社員—電話 88
37 会社員—営業① 90
38 会社員—営業② 92
39 会社員—会議 94
40 部長—オフィス 96
41 社長—社長室 98
42 部長—社長室 100
43 OL—オフィス 102
44 OL—雑談 104
45 児童—図画 106
46 児童—工作 108
47 児童—家庭科 110
48 児童—体育 112
49 児童—運動会の練習 114

50	女子生徒―授業 116
51	生徒―テスト 118
52	児童―昼食 120
53	会社員―昼飯 122
54	主婦―昼寝 124
55	主婦―洗濯物 126
56	主婦―ショッピング① 128
57	主婦―ショッピング② 130
58	児童―放課後 132
59	子供―水遊び 134
60	子供―行い 136
61	子供―かくれんぼ 138
62	子供―帰宅 140
63	子供―遊び 142
64	子供―遊園地 144
65	子供―ケガ 146
66	子供―病気 148
67	店員―店 150
68	従業員―運送 152
69	従業員―解体作業 154
70	工員―自動車整備 156
71	不良学生―サボり 158
72	青年―喧嘩 160
73	空き巣―住宅街 162
74	悪人―犯罪 164
75	刑事―追跡 166
76	容疑者―取調室 168

Part 3 夜―EVENING

77	OL―午後5時 172
78	OL―アフター5 174
79	OL―デート 176
80	会社員―デート 178
81	会社員―路上 180
82	主婦―夕食① 182
83	主婦―夕食② 184
84	主婦―夕食③ 186
85	主婦―夕食④ 188
86	主婦―夕食⑤ 190
87	主婦―食後 192
88	OL―フィットネスクラブ 194
89	会社員―飲み屋① 196
90	会社員―飲み屋② 198
91	会社員―繁華街 200
92	ママさん―クラブ 202
93	OL―カラオケ 204
94	主婦―通夜 206
95	学生―勉強 208
96	会社員―テレビ 210
97	会社員―風呂 212
98	OL―自宅 214
99	お母さん―就寝 216
100	会社員―睡眠 218

Part 1

朝
MORNING

会社員——起床

I **wake up** with the sound of the alarm.

I **cover my ears** with a pillow.

I **grope for** the alarm.

I **turn off** the alarm.

I **sit up** in bed.

I **give a** big **yawn**.

I **put** a hand **on** my mouth.

I **stretch** my limbs.

I **twist** my body right and left.

I **rub** my eyes.

I **clean my eyes**.

1

□ 私は、目覚ましの音で**目覚める**。
wake up
目覚める

□ 枕で**耳をふさぐ**。
cover one's ears
耳をふさぐ

□ **手探りで**目覚ましを**探す**。
grope for
を手探りで探す

□ 目覚ましを**止める**。
turn off
を止める

□ ベッドから**上体を起こす**。
sit up
上体を起こす

□ 大きな**あくびをする**。
give a yawn
あくびをする

□ 口に手を**当てる**。
put 〜 on …
…に〜を当てる

□ 手足を**伸ばす**。
stretch
を伸ばす

□ 体を左右に**ねじる**。
twist
をねじる

□ 目を**こする**。
rub
をこする

□ **目糞を取る**。
clean one's eyes
目糞を取る（目をきれい
にする）

17

会社員——洗面

I **get up**.

I **go to the rest room**.

I **pull down** my shorts.

I **take a pee**.

I **flush** the toilet.

I **shave** my beard.

I **squeeze** the tube of tooth paste.

I **brush my teeth**.

I **rinse out** my mouth.

I **wash** my face with soap.

I **dry** my face with a towel.

2

☐ 私は、**起床する**。	get up 起床する
☐ **トイレに行く**。	go to the rest room トイレに行く
☐ パンツを**下げる**。	pull down を下げる
☐ **おしっこをする**。	take a pee おしっこをする(幼児語)
☐ トイレの**水を流す**。	flush 水を流す
☐ ひげを**剃る**。	shave を剃る
☐ 歯磨き粉のチューブを**しぼる**。	squeeze をしぼる
☐ **歯を磨く**。	brush one's teeth 歯を磨く
☐ 口を**ゆすぐ**。	rinse (out) をゆすぐ
☐ 石鹸で顔を**洗う**。	wash を洗う
☐ タオルで顔を**拭く**。	dry を拭く(乾かす)

OL——朝シャン

I **take off** my pajamas.

I **adjust** the temperature of the shower.

I **turn** the water **on**.

I **take a shower**.

I **wash myself**.

I **shampoo** my hair.

I **rinse** my hair.

I **turn** the water **off**.

I **get out of** the bathroom.

I **plug in** the hairdryer.

I **blow-dry** my hair.

3

□ 私は、パジャマを**脱ぐ**。
take off
を脱ぐ

□ シャワーの温度を**調節する**。
adjust
を調節する

□ 水道の蛇口を**ひねる（出す）**。
turn ～ on
～を出す（水道・ガスなど）

□ **シャワーを浴びる**。
take a shower
シャワーを浴びる

□ **体を洗う**。
wash oneself
体を洗う

□ 髪を**洗う**。
shampoo
を洗う（髪）

□ 髪を**すすぐ**。
rinse
をすすぐ

□ 水道の蛇口を**ひねる（止める）**。
turn ～ off
～を止める（水道・ガスなど）

□ 風呂から**出る**。
get out of
から出る

□ ドライヤーの**プラグを差し込む**。
plug in
のプラグを差し込む

□ 髪を**乾かす**。
blow-dry
を乾かす

21

OL——朝食

I **put** a kettle **on** the gas range.

I **turn on** the gas.

I **boil water** in the kettle.

I **turn off** the gas.

I **pour** hot water **into** a mug.

I **add** coffee.

I **put in** a spoonful of sugar.

I **stir** it.

I **sip** the hot coffee.

I **toast** bread in a toaster.

I **spread** butter on the slice of toast.

4

☐ 私は、ヤカンをガスレンジに**置く**。	put ～ on … …に～を置く
☐ ガスを**つける**。	turn on をつける(水道・ガスなど)
☐ ヤカンで**湯を沸かす**。	boil water 湯を沸かす
☐ ガスを**消す**。	turn off を消す(水道・ガスなど)
☐ お湯をマグカップに**注ぐ**。	pour ～ into … ～を…に注ぐ
☐ コーヒーの粉を**加える**。	add を加える
☐ スプーン1杯の砂糖を**入れる**。	put in を入れる
☐ それを**かき混ぜる**。	stir をかき混ぜる
☐ 熱いコーヒーを**すする**。	sip をすする
☐ トースターでパンを**焼く**。	toast を焼く(褐色に)
☐ トーストにバターを**塗る**。	spread を塗る(広げる)

23

会社員——排泄

I **sit on** the toilet stool.

I **tuck up** my shirt.

I **urinate**.

I **break wind**.

I **fart**.

I **take a shit**.

I **scratch** my back.

I **pull out** the hairs in my nostrils.

I **pick my nose**.

I **blow my nose**.

I **wipe my behind**.

5

☐ 私は、便器に**腰かける**。	sit on に腰かける	
☐ シャツを**まくり上げる**。	tuck up をまくり上げる	
☐ **小便をする**。	urinate 小便をする	
☐ **おならをする**。	break wind おならをする（婉曲的な 表現）	
☐ **屁をこく**。	fart 屁をこく（卑語）	
☐ **ウンチをする**。	take a shit ウンチをする（卑語）	
☐ 背中を**かく**。	scratch をかく	
☐ 鼻毛を**抜く**。	pull out を抜く	
☐ **鼻をほじくる**。	pick one's nose 鼻をほじくる	
☐ **鼻をかむ**。	blow one's nose 鼻をかむ	
☐ **お尻を拭き取る**。	wipe one's behind お尻を拭き取る	

OL—化粧

I **put on** panties.

I **put on** a bra.

I **put on** my clothes.

I **put on** panty hose.

I **cut my nails**.

I **polish my nails**.

I **comb my hair**.

I **put on makeup**.

I **put lipstick on**.

I **put on** a necklace.

I **put** perfume **on**.

6

□ 私は、パンティーを**はく**。	put on をはく
□ ブラジャーを**着ける**。	put on を着ける
□ 服を**着る**。	put on を着る
□ パンティーストッキングを**はく**。	put on をはく
□ **爪を切る**。	cut one's nails 爪を切る
□ **マニキュアを塗る**。	polish one's nails マニキュアを塗る
□ **髪をとかす**。	comb one's hair 髪をとかす
□ **化粧をする**。	put on makeup 化粧をする
□ **口紅をつける**。	put lipstick on 口紅をつける
□ **ネックレスをつける**。	put on をつける
□ **香水をつける**。	put ～ on ～をつける

OL——戸締まり

I **shut** the window.

I **draw** the curtain.

I **pull down** the blinds.

I **pull out** the plug.

I **water** the flowers.

I **feed** the goldfish.

I **turn off** the light in the room.

I **lock up**.

I **turn on** the answering machine.

I **lock** the entrance.

I **dump** the trash.

7

☐ 私は、窓を**閉める**。	shut を閉める
☐ カーテンを**引く**。	draw を引く
☐ ブラインドを**下げる**。	pull down を下げる
☐ プラグを**抜く**。	pull out を抜く
☐ 花に**水をやる**。	water に水をやる
☐ 金魚に**餌をやる**。	feed に餌をやる
☐ 部屋の電気を**消す**。	turn off を消す
☐ **戸締まりをする**。	lock up 戸締まりをする
☐ 留守番電話を**オンにする**。	turn on をオンにする
☐ 玄関のドアに**鍵をかける**。	lock 鍵をかける
☐ ゴミ袋を**捨てる**。	dump を捨てる(ゴミ)

母親——息子の起床

I **run up** the stairs.

I **knock loudly** on the door.

I **open** the door violently.

I **go into** my son's room.

I **shout at** my son to get up.

I **wake up** my son.

I **shake** my son awake.

I **take off** his quilt.

I **unbutton** my son's pajamas.

I **take off** my son's pajamas.

I **dress** my son.

8

☐ 私は、階段を**駆け上がる**。

run up
を駆け上がる

☐ ドアを**ドンドン叩く**。

knock loudly
ドンドン叩く

☐ ドアを激しく**開ける**。

open
を開ける

☐ 息子の部屋に**入る**。

go into
に入る

☐ 起きろと息子を**怒鳴る**。

shout at
を怒鳴る

☐ 息子を**起こす**。

wake up
を起こす

☐ 息子を**揺すって**起こす。

shake
を揺する

☐ 掛け布団を**はぎ取る**。

take off
をはぎ取る

☐ 息子のパジャマの**ボタンをはずす**。

unbutton
のボタンをはずす

☐ 息子のパジャマを**脱がす**。

take off
を脱がす

☐ 息子に服を**着せる**。

dress
を着せる

会社員——出勤

I **oversleep**.

I **am surprised** when I look the alarm.

"Aah!" I **cry**.

I **jump out** of bed.

I **fling** my pajamas **off**.

I **tighten** my belt.

I **tie my necktie**.

I **do my hair**.

I **hold** bread **in my mouth**.

I **bang** the door.

I **rush out of** the apartment.

9

□ 私は、**寝過ごす**。	oversleep 寝過ごす
□ 目覚ましを見て**驚く**。	be surprised 驚く
□「ア〜ッ！」と**叫ぶ**。	cry 叫ぶ
□ ベッドから**跳ね起きる**。	jump out 跳ね起きる
□ パジャマを**投げ捨てる**。	fling 〜 off 〜を投げ捨てる
□ ズボンのベルトを**締める**。	tighten を締める
□ **ネクタイを結ぶ**。	tie one's necktie ネクタイを結ぶ
□ **髪を整える**。	do one's hair 髪を整える
□ パンを**口にくわえる**。	hold 〜 in one's mouth 〜を口にくわえる
□ ドアを**バタンと閉める**。	bang をバタンと閉める（ドアなど）
□ アパートから**飛び出す**。	rush out of から飛び出す

33

妻——見送り

I **polish** my husband's shoes.

I **arrange** his shoes.

I **zip** his bag **open**.

I **check** the contents of the bag.

I **zip** his bag **shut**.

I **hand** him the bag.

I **brush the dust off** his suit.

I **kiss** him on the cheek.

I **smile at** him.

I **see** him **off**.

I **wave** my hand to him.

10

□ 私は、主人の靴を**磨く**。	polish を磨く
□ 靴を**そろえる**。	arrange をそろえる
□ 彼のカバンの**ファスナーを開ける**。	zip 〜 open 〜のファスナーを開ける
□ カバンの中味を**チェックする**。	check をチェックする
□ 彼のカバンの**ファスナーを閉める**。	zip 〜 shut 〜のファスナーを閉める
□ 彼にカバンを**手渡す**。	hand を手渡す
□ スーツの**ほこりを払う**。	brush the dust off ほこりを払う
□ 彼のほっぺに**キスする**。	kiss にキスする
□ 彼に**微笑みかける**。	smile at に微笑みかける
□ 彼を**見送る**。	see 〜 off 〜を見送る
□ 彼に手を**振る**。	wave を振る（手・旗など）

35

OL——通勤

I **go to work** at seven.

I **cross** a street.

I **go across** a road.

I **run across** a railroad crossing.

I **stop** at the pedestrian crossing.

I **go over** a crosswalk.

I **go up** the pedestrian overpass.

I **go down** the pedestrian overpass.

I **stand in line** at the bus stop.

I **wait for** the bus.

I **get on** a bus.

11

☐ 私は、7時に**出勤する**。	go to work 出勤する
☐ 通りを**横切る**。	cross を横切る
☐ 道路を**横断する**。	go across を横断する
☐ 踏切を**走って渡る**。	run across を走って渡る
☐ 横断歩道で**立ち止まる**。	stop 立ち止まる
☐ 横断歩道を**渡る**。	go over 渡る
☐ 歩道橋を**上がる**。	go up を上がる
☐ 歩道橋を**下りる**。	go down を下りる
☐ バス停に**並ぶ**。	stand in line 並ぶ
☐ バスを**待つ**。	wait for を待つ
☐ バスに**乗り込む**。	get on に乗り込む

会社員——通勤

I **go to the office**.

I **run** desperately.

I **pass** other people.

I **mark time** at the crossing gate.

I **wait for** the train to go by.

I **rush**.

I **go against** a red light.

I **push away** people.

I **push my way through** a crowd.

I **catch** the bus.

I **jump on** the bus in a hurry.

12

□ 私は、**職場に出かける**。	go to the office 職場に出かける
□ 必死に**走る**。	run 走る
□ 他の人々を**追い越す**。	pass を追い越す
□ 遮断機で**足踏みをする**。	mark time 足踏みをする
□ 電車の通過を**待つ**。	wait for を待つ
□ **突進する**。	rush 突進する
□ 信号を**無視して行く**。	go against を無視して行く
□ 人々を**押しのける**。	push away を押しのける
□ 人込みを**押し分けて進む**。	push one's way through を押し分けて進む
□ バスに**間に合う**。	catch 間に合う（乗り物に）
□ 急いでバスに**飛び乗る**。	jump on に飛び乗る

39

会社員──歩行

I walk lightly.

I walk hurriedly.

I trot.

I walk with quick steps.

I stride.

I stride confidently.

I swagger.

I strut.

I trudge.

I stroll.

I walk unsteadily.

13

□ 私は、**軽快に歩く**。

walk lightly
軽快に歩く

□ **せかせか歩く**。

walk hurriedly
せかせか歩く

□ **急ぎ足で歩く**。

trot
急ぎ足で歩く

□ **早足で歩く**。

wall with quick steps
早足で歩く

□ **大またで歩く**。

stride
大またで歩く

□ **胸を張って歩く**。

stride confidently
胸を張って歩く

□ **いばって歩く**。

swagger
いばって歩く

□ **気取って歩く**。

strut
気取って歩く

□ **とぼとぼ歩く**。

trudge
とぼとぼ歩く

□ **ぶらぶら歩く**。

stroll
ぶらぶら歩く

□ **よろよろ歩く**。

walk unsteadily
よろよろ歩く

会社員——駅

I **miss** my bus.

I **get a taxi**.

I **get in** a taxi.

I **get out of** the taxi at the station.

I **run into** the station.

I **bump into** a big man.

I **stagger**.

I **stumble on** a stone.

I **lose my balance**.

I **tumble**.

I **crouch** on the floor.

14

□ 私は、バスに**乗りそこなう**。

miss
に乗りそこなう

□ **タクシーを拾う**。

get a taxi
タクシーを拾う

□ タクシーに**乗る**。

get in
に乗る

□ 駅でタクシーから**降りる**。

get out of
から降りる

□ 駅に**駆け込む**。

run into
に駆け込む

□ 大きな男に**ドンとぶつかる**。

bump into
にドンとぶつかる

□ **ふらふらとよろける**。

stagger
ふらふらとよろける

□ 石に**つまずく**。

stumble on
につまずく

□ **バランスを失う**。

lose one's balance
バランスを失う

□ **転ぶ**。

tumble
転ぶ

□ 床に**うずくまる**。

crouch
うずくまる

43

会社員——駅構内

I **take** a commuter ticket **out of** my pocket.

I **cut in** line.

I **insert** a ticket **into** the machine.

I **go through** the automatic ticket gate.

I **put** a ticket **in** my pocket.

I **break into** line.

I **shove** in front of other passengers.

I **wriggle**.

I **squeeze into** the crowded train.

I barely **get on** the train.

I **catch** my arm **in** the door.

15

□ 私は定期券をポケットから**取り出す**。
take 〜 out of …
〜を…から取り出す

□ 列に**割り込む**。
cut in
に割り込む

□ 券を機械に**入れる**。
insert 〜 into …
〜を…に入れる

□ 自動改札を**通る**。
go through
を通る

□ 券をポケットに**しまう**。
put 〜 in …
〜を…にしまう

□ 列に**割り込む**。
break into
に割り込む

□ 前の乗客を**押す**。
shove
を押す(乱暴に)

□ **体をくねらす**。
wriggle
体をくねらす

□ 満員電車に**割り込む**。
squeeze into
に割り込む

□ かろうじて電車に**乗り込む**。
get on
に乗り込む

□ ドアに腕を**はさむ**。
catch 〜 in …
〜を…にはさむ

45

会社員——電車内

I **press** my face **against** the door.

I **squirm**.

I **lean against** the door.

I **sigh** with relief.

I **push my way through** the passengers.

I **step on** someone's foot.

I **apologize to** him.

I **hang on to** a strap.

I **sit on** a seat.

I **take out** a newspaper from my bag.

I **glance over** the newspaper.

16

☐ 私は、顔をドアに**押しつける**。	press 〜 against …	〜を…に押しつける
☐ **身をよじる**。	squirm	身をよじる
☐ ドアに**寄りかかる**。	lean against	に寄りかかる
☐ ほっと**ため息をつく**。	sigh	ため息をつく
☐ 乗客を**かきわけて進む**。	push one's way though	をかきわけて進む
☐ 誰かの足を**踏む**。	step on	を踏む
☐ 彼に**謝る**。	apologize to	に謝る
☐ 吊り革に**つかまる**。	hang on to	につかまる
☐ 座席に**座る**。	sit on	に座る
☐ 新聞をカバンから**取り出す**。	take out	を取り出す
☐ 新聞に**ざっと目を通す**。	glance over	にざっと目を通す

47

会社員——下車

I **become sleepy**.

I **doze**.

I **doze off**.

I **slobber**.

I **overshoot** my stop by two stations.

I **get off** the train hurriedly.

I **push back** the other passengers.

I **push out** the other passengers.

I **jump off** the train.

I **step onto** the platform.

I **change** trains.

17

□ 私は、**眠くなる**。 become sleepy
眠くなる

□ **うつらうつらする**。 doze
うつらうつらする

□ **うたた寝をする**。 **doze off**
うたた寝をする

□ **よだれを流す**。 slobber
よだれを流す

□ 2駅**乗り越す**。 overshoot
乗り越す

□ あわてて電車を**降りる**。 get off
を降りる（電車・バスなど）

□ 乗客を**押し返す**。 push back
を押し返す

□ 乗客を**押し出す**。 push out
を押し出す

□ 電車を**飛び降りる**。 jump off
を飛び降りる

□ プラットホームに**降り立つ**。 step onto
に降り立つ

□ 電車を**乗り換える**。 change
を乗り換える

49

社長——車による出勤①

I **fasten** my seat belt.

I **start the engine**.

I **look into** the rearview mirror.

I **step on** the accelerator.

I **pull** the car **out of** the garage.

I **back my car up** slowly.

I **swing the wheel** left.

I **shift gear**.

I **leave for** the office.

I **drop in at** a gas station.

I **fill** the tank **up**.

18

☐ 私は、シートベルトを**締める**。	fasten を締める
☐ **エンジンをかける**。	start the engine エンジンをかける
☐ バックミラーの**中を見る**。	look into の中を見る
☐ アクセルを**踏む**。	step on を踏む
☐ 車庫から車を**出す**。	pull 〜 out of … 〜を…から出す
☐ 車をゆっくり**後退させる**。	back one's car up 車を後退させる
☐ **ハンドル**を左に**切る**。	swing the wheel ハンドルを切る
☐ **ギアを変える**。	shift gear ギアを変える
☐ 会社に向けて**出発する**。	leave for に向けて出発する
☐ ガソリンスタンドに**立ち寄る**。	drop in at に立ち寄る
☐ ガソリンタンクを**満タンにする**。	fill 〜 up 〜を満タンにする

51

社長——車による出勤②

I **make a U-turn**.

I **speed up**.

I **change lanes**.

I **slow down**.

I **stop** the car.

I **make a right turn**.

I **blow my horn**.

I **make way for** an oncoming car.

I **pull up** my car to a parking lot.

I **park** my car there.

I **unfasten** my seat belt.

19

☐ 私は、**Uターンする**。
make a U-turn
Uターンする

☐ **スピードを上げる**。
speed up
スピードを上げる

☐ **車線を変更する**。
change lanes
車線を変更する

☐ **スピードを落とす**。
slow down
スピードを落とす

☐ 車を**一時停車する**。
stop
一時停車する

☐ **右折する**。
make a right turn
右折する

☐ 車の**警笛を鳴らす**。
blow one's horn
警笛を鳴らす

☐ 対向車に**道を譲る**。
make way for
に道を譲る

☐ 駐車場に車を**止める**。
pull up
を止める(車)

☐ 車をそこに**駐車する**。
park
駐車する

☐ シートベルトを**はずす**。
unfasten
をはずす

会社員——出社

I **enter** the office building at a run.

I **take the elevator**.

I **go up** to the seventh floor.

I **slip into** the office.

I **hang** my overcoat **on** a hook.

I **put** my jacket **on** a hanger.

I **loosen** my tie.

I **light** a cigarette.

I **smoke a cigarette**.

I **puff** a cigarette.

I **put out** a cigarette.

20

□ 私は、駆け足でビルに**入る**。
enter
に入る（文語的）

□ **エレベーターに乗る。**
take an elevator
エレベーターに乗る

□ 7階に**上がる**。
go up
に上がる

□ オフィスに**滑り込む**。
slip into
に滑り込む

□ コートをフックに**かける**。
hang 〜 on …
〜を…にかける

□ ジャケットをハンガーに**かける**。
put 〜 on …
〜を…にかける

□ ネクタイを**ゆるめる**。
loosen
をゆるめる

□ タバコに**火をつける**。
light
に火をつける

□ **タバコを吸う。**
smoke a cigarette
タバコを吸う

□ タバコを**ふかす**。
puff
をふかす

□ タバコの火を**もみ消す**。
put out
をもみ消す

55

児童——登校

I **go to school**.

I **carry** a backpack **on my back**.

I **run about** in the snow.

I **romp about** merrily.

I **swing** my umbrella.

I **pick up** snow with the umbrella.

I **step on** the snow.

I **tread down the snow**.

I **make a snowball**.

I **fling** a snowball at my friend.

I **am late for** school.

21

☐ 私は、**登校する**。	go to school 登校する
☐ ランドセルを**背負って行く**。	carry ~ on one's back ~を背負って行く
☐ 雪の中を**走りまわる**。	run about を走りまわる
☐ 楽しく**はしゃぎまわる**。	romp about はしゃぎまわる
☐ 傘を**振りまわす**。	swing を振りまわす
☐ 傘で雪を**つつく**。	pick up をつつく
☐ 雪を**踏む**。	step on を踏む
☐ 雪を**踏みかためる**。	tread down the snow 雪を踏みかためる
☐ **雪玉をつくる**。	make a snowball 雪玉をつくる
☐ 雪玉を友達に**投げつける**。	fling を投げつける（乱暴に）
☐ 学校に**遅刻する**。	be late for に遅刻する

57

女子生徒──始業前①

I **have a chat** with a friend.

I **chat** about my boyfriend.

I **talk softly**.

I **chuckle**.

I **guffaw**.

I **keep back** my laughter.

I **split my sides laughing**.

I **laugh broadly**.

I **burst into laughter**.

I **shed tears**.

I **wipe** my tears with a handkerchief.

22

☐ 私は、友達と**おしゃべりをする**。	have a chat **おしゃべりをする**
☐ ボーイフレンドについて **雑談する**。	chat **雑談する**
☐ **こっそり話す**。	talk softly **こっそり話す**
☐ **クックッと笑う**。	chuckle **クックッと笑う**
☐ **げらげら笑う**。	guffaw **げらげら笑う**
☐ 笑いを**こらえる**。	keep back **をこらえる**
☐ **腹を抱えて笑う**。	split one's sides laughing **腹を抱えて笑う**
☐ **大きな口を開けて笑う**。	laugh broadly **大きな口を開けて笑う**
☐ **爆笑する**。	burst into laughter **爆笑する**
☐ **涙を流す**。	shed tears **涙を流す**
☐ ハンカチで涙を**ふく**。	wipe **をふく**

59

女子生徒──始業前②

I **cry out**.

I **grab** him **by** the arm.

I **get back** the letter.

I **pinch** his cheek.

I **scratch** his face.

I **slap** him in the face.

I **spit at** him.

I **bite** his arm.

I **kick** him in the shin.

I **squat down** on the floor.

I **stare at** him.

23

□ 私は、**悲鳴をあげる**。

cry out
悲鳴をあげる

□ 彼の腕を**つかむ**。

grab ～ by …
～の…をつかむ（素早く力ずくで）

□ 手紙を**取り戻す**。

get back
を取り戻す

□ 彼のほっぺたを**つねる**。

pinch
をつねる

□ 彼の顔を**ひっかく**。

scratch
をひっかく

□ 平手で彼の顔を**ピシャッと叩く**。

slap
平手でピシャッと叩く

□ 彼に**唾を吐きかける**。

spit at
に唾を吐きかける

□ 彼の腕を**噛む**。

bite
を噛む

□ 彼のすねを**蹴とばす**。

kick
を蹴とばす

□ 床に**しゃがむ**。

squat（down）
しゃがむ

□ 彼を**じっと見つめる**。

stare at
をじっと見つめる

61

男子生徒——始業前

I **make a noise** in the classroom.

I **fool around**.

I **tease** her.

I **take** the letter **away** from her.

I **mock** her.

I **jump on** a desk.

I **show off** the letter.

I **call out**.

I **tear up** the letter.

I **toss** the letter **in the air**.

I **make** her **cry**.

24

☐ 私は、教室で**騒ぐ**。	make a noise 騒ぐ
☐ **ふざける**。	fool around ふざける（バカなまねをする）
☐ 彼女を**からかう**。	tease をからかう
☐ 彼女から手紙を**奪う**。	take ～ away ～を奪う
☐ 彼女を**あざ笑う**。	mock をあざ笑う
☐ 机に**飛び乗る**。	jump on に飛び乗る
☐ 手紙を**見せびらかす**。	show off を見せびらかす
☐ **大声で叫ぶ**。	call out 大声で叫ぶ
☐ 手紙を**破る**。	tear up を破る（故意に）
☐ 手紙を**放り投げる**。	toss ～ in the air ～を放り投げる
☐ 彼女を**泣かす**。	make ～ cry ～を泣かす

先生——授業

I **slam** the door.

I **frown**.

I **click my tongue**.

I **get angry with** my students.

"Shut up!" I **thunder**.

I **snap at** them.

I **call the roll**.

I **check** the list of names.

I **begin** the class.

I **read** English **fluently**.

I **call on** the students to read the textbook.

25

☐ 私は、**バタンと**ドアを**閉める**。	slam バタンと閉める
☐ **眉をひそめる**。	frown 眉をひそめる
☐ **舌打ちする**。	click one's tongue 舌打ちする
☐ 生徒に**腹を立てる**。	get (be) angry with に腹を立てる
☐ 「静かにしろ！」と**怒鳴る**。	thunder 怒鳴る
☐ 彼らに**がみがみ言う**。	snap at がみがみ言う
☐ **出席をとる**。	call the roll 出席をとる
☐ 名簿を**チェックする**。	check をチェックする
☐ 授業を**始める**。	begin を始める
☐ 英語を**流暢に読む**。	read ～ fluently ～ を流暢に読む
☐ 教科書を読むように生徒を**指名する**。	call on を指名する

65

主婦——掃除①

I **leave the window open**.

I **fold up** the quilt.

I **put away** the futon in the closet.

I **air** the futon out on the verandah.

I **dust** the room.

I **vacuum** the room.

I **clean** the room.

I **tidy up** the room.

I **wet** a towel.

I **wring out** the wet towel.

I **wipe** dust from the shelf.

26

□ 私は、**窓を開け放つ**。
leave the window open
窓を開け放つ

□ 掛け布団を**たたむ**。
fold up
をたたむ

□ 布団を押し入れに**しまう**。
put away
をしまう

□ 敷き布団をベランダに**干す**。
air
を干す

□ 部屋に**はたきをかける**。
dust
にはたきをかける

□ 部屋に**掃除機をかける**。
vacuum
に掃除機をかける

□ 部屋の**掃除をする**。
clean
の掃除をする

□ 部屋を**片づける**。
tidy up
を片づける

□ タオルを**濡らす**。
wet
を濡らす

□ 濡れたタオルを**しぼる**。
wring out
をしぼる

□ 棚からほこりを**拭き取る**。
wipe
を拭き取る

主婦——掃除②

I **clean** the floor with a mop.

I **wipe** stains **off** the floor.

I **sweep** the garden with a broom.

I **sweep** trash **into** a dustpan.

I **sweep up** dead leaves.

I **weed** the garden.

I **pull** the weeds.

I **mow** the lawn.

I **trim** the leaves.

I **water** the garden.

I **burn** garbage.

27

□ 私は、モップで床を**拭く**。	clean	を拭く（きれいにする）
□ 床の汚れを**拭き取る**。	wipe ～ off ～	を拭き取る
□ ほうきで庭を**掃く**。	sweep	を掃く
□ ゴミをちりとりに**掃き取る**。	sweep ～ into …	～を…に掃き取る
□ 枯れ葉を**集める**。	sweep up	を集める（枯れ葉）
□ 庭の**雑草を抜く**。	weed	の雑草を抜く
□ 雑草を**引き抜く**。	pull	を引き抜く
□ 芝を**刈る**。	mow	を刈る（芝）
□ 葉を**刈る**。	trim	を刈る（葉）
□ 庭に**水をまく**。	water	に水をまく
□ ゴミを**燃やす**。	burn	を燃やす

69

主婦——洗濯

I **do the wash**.

I **put** the wash **into** the washing machine.

I **scoop up** the detergent with a cup.

I **put** the detergent **in** the washing machine.

I **fill** the tank **with** water.

I **set** the timer.

I **soak** shirts **in** bleach.

I **rinse** the wash **out**.

I **spread** the wash.

I **stretch** the wash.

I **hang** the wash out **to dry**.

28

□ 私は、**洗濯をする**。

do the wash
洗濯をする

□ 洗濯物を洗濯機に**入れる**。

put 〜 into …
〜を…に入れる

□ 洗剤をカップに**すくう**。

scoop（up）
をすくう

□ 洗剤を**入れる**。

put 〜 in …
〜を…に入れる

□ タンクを水で**満たす**。

fill 〜 with …
〜を…で満たす

□ タイマーを**セットする**。

set
をセットする

□ ワイシャツを漂白剤に**浸す**。

soak 〜 in …
〜を…に浸す

□ 洗濯物を**すすぐ**。

rinse 〜（out）
〜をすすぐ

□ 洗濯物を**広げる**。

spread
を広げる

□ 洗濯物を**ぴんと張る**。

stretch
をぴんと張る

□ 洗濯物を外に**干す**。

hang 〜 to dry
を干す

主婦——整理

I **draw out** a case from the closet.

I **take** a box **down** from a shelf.

I **take** winter clothes **out**.

I **unfold** the clothes.

I **separate** the clothes.

I **put** summer clothes **away**.

I **pack** clothes into the case.

I **dispose of** old clothes.

I **attach** a label to the case.

I **write** my name **with a marker**.

I **put** the case **back** to where it was.

29

□ 私は、ケースを押し入れから**引っ張り出す。**	draw out を引っ張り出す
□ 棚から箱を**下ろす。**	take ～ down ～を下ろす
□ 冬服を**取り出す。**	take ～ out ～ を取り出す
□ 衣類を**広げる。**	unfold を広げる
□ 衣類を**分類する。**	separate を分類する
□ 夏服を**しまう。**	put ～ away ～をしまう
□ ケースに衣類を**詰め込む。**	pack を詰め込む
□ 古い衣類を**処分する。**	dispose of を処分する
□ ケースにラベルを**貼る。**	attach を貼る
□ **マーカーで**名前を**書く。**	write ～ with a marker ～をマーカーで書く
□ ケースをもとのところに**戻す。**	put ～ back ～を戻す

老人——散步

I **go for a walk** in the park.

I **take a walk** in the park.

I **walk my dog**.

I **nod** to a passer-by.

I **bow** to an acquaintance.

I **pass through** a park.

I **visit** the temple.

I **put my hands together** in prayer.

I **bow low**.

I **worship** Buddha.

I **tie** my dog to the doghouse.

30

☐ 私は、公園へ**散歩に行く**。	go for a walk 散歩に行く	
☐ 公園を**散歩する**。	take a walk 散歩する	
☐ **犬を散歩させる**。	walk a dog 犬を散歩させる	
☐ 通りがかりの人に**会釈する**。	nod 会釈する	
☐ 知り合いに**お辞儀する**。	bow お辞儀する	
☐ 公園を**通り抜ける**。	pass through を通り抜ける	
☐ 寺に**お参りする**。	visit にお参りする	
☐ **手を合わせる**。	put one's hands together 手を合わせる	
☐ **深くお辞儀する**。	bow low 深くお辞儀する	
☐ 仏を**拝む**。	worship を拝む	
☐ 犬小屋に犬を**つなぐ**。	tie をつなぐ	

老人——家庭菜園

I **farm** the land.

I **plow** the field.

I **seed** corn in the field.

I **plant** flower seeds.

I **plant** tulips.

I **grow** roses.

I **sprinkle** water on the field.

I **pick** flowers.

I **pick** the corn.

I **pull up** a Japanese radish.

I **reap** wheat.

31

☐ 私は、土地を**耕作する**。	farm を耕作する
☐ 畑を**耕す**。	plow を耕す
☐ 畑にトウモロコシの**種をまく**。	seed 種をまく（穀物・農作物の）
☐ 花の**種をまく**。	plant 種をまく（庭などに植物の）
☐ チューリップを**植える**。	plant を植える
☐ バラを**栽培する**。	grow を栽培する
☐ 畑に水を**まく**。	spinkle をまく（液体・粉など）
☐ 花を**摘む**。	pick を摘む
☐ トウモロコシを**もぎ取る**。	pick をもぎ取る
☐ ダイコンを**引き抜く**。	pull up を引き抜く
☐ 小麦を**刈る**。	reap を刈る（作物）

赤ちゃん──居間

I **drag** the toy box.

I **overturn** the toy box.

I **mess** the room **up**.

I **clap my hands with joy**.

I **toddle** in the living room.

I **fall on my behind**.

I **fall on my back**.

I **bump** my head **against** the floor.

I **burst into tears**.

I **throw my arms around** mommy.

I **suck** the breast.

32

□ 私は、おもちゃ箱を**ひきずる**。
drag
をひきずる

□ おもちゃ箱を**ひっくり返す**。
overturn
をひっくり返す

□ 部屋の中を**散らかす**。
mess 〜 up 〜
を散らかす（状態にする）

□ **手を叩いて喜ぶ**。
clap one's hands with joy
手を叩いて喜ぶ

□ 居間を**よちよち歩く**。
toddle
よちよち歩く

□ **尻もちをつく**。
fall on one's behind
尻もちをつく

□ **仰向けに倒れる**。
fall on one's back
仰向けに倒れる

□ 床に頭を**ドスンとぶつける**。
bump 〜 against …
〜を…にドスンとぶつける

□ **わーっと泣き出す**。
burst into tears
わーっと泣き出す

□ ママに**抱きつく**。
throw one's arms around
に抱きつく

□ おっぱいを**吸う**。
suck
を吸う

79

赤ちゃん——食卓

I **lick** the spoon.

I **suck on** the spoon.

I **beat on** the table with the spoon.

I **crumple up** a paper napkin.

I **swallow** paper.

I **spit out** the paper.

I **fiddle with** the food.

I **scatter** the food.

I **knock over** the bottle.

I **spill** milk on the floor.

I **stain** the carpet.

33

☐ 私は、スプーンを**なめる**。	lick をなめる
☐ スプーンを**しゃぶる**。	suck on をしゃぶる
☐ スプーンでテーブルを**叩く**。	boat on を叩く（続けざまに）
☐ 紙ナプキンを**くしゃくしゃにする**。	crumple（up） をくしゃくしゃにする
☐ 紙を**のみ込む**。	swallow をのみ込む
☐ 紙を**吐き出す**。	spit out を吐き出す（勢いよく）
☐ 食べ物を**いじくる**。	fiddle with をいじくる
☐ 食べ物を**まき散らす**。	scatter をまき散らす
☐ びんを**倒す**。	knock over を倒す
☐ 床にミルクを**こぼす**。	spill をこぼす
☐ カーペットを**汚す**	stain を汚す（染みをつける）

お母さん──食卓

"Oh, my God!" I **shout**.

I **run up to** my baby.

I **scold** my baby.

I **spank** my baby.

I **lift** my baby **in my arms**.

I **hold** my baby **in my arms**.

I **stroke** my baby on the head.

I **tap** my baby's back.

I **put** my baby **down** on the bed.

I **put** my baby **to bed**.

I **slip out of** the room.

34

☐ 私は、「まあ、大変だ」と**叫ぶ**。
shout
叫ぶ

☐ 赤ちゃんに**駆け寄る**。
run up to
に駆け寄る

☐ 赤ちゃんを**叱る**。
scold
を叱る

☐ 赤ちゃんの**尻を叩く**。
spank
尻を叩く

☐ 赤ちゃんを**抱き上げる**。
lift 〜 in one's arms
〜を抱き上げる

☐ 赤ちゃんを**抱える**。
hold 〜 in one's arms
を抱える

☐ 赤ちゃんの頭を**なでる**。
stroke
をなでる

☐ 赤ちゃんの背中を**軽く叩く**。
tap
を軽く叩く

☐ 赤ちゃんをベッドに**下ろす**。
put 〜 down
〜を下ろす

☐ 赤ちゃんを**寝かせる**。
put 〜 to bed
〜を寝かせる

☐ **そっと**部屋を**出る**。
slip out of
をそっと出る

幼児——公園

I **play** in the park.

I **roll** a ball.

I **toss** a ball.

I **bounce** a ball.

I **get on** the swing.

I **swing** the swing.

I **go up** the slide.

I **go down** the slide.

I **hang on** a horizontal bar.

I **dig a hole** in the sandbox.

I **bury** an empty can.

35

□ 私は、公園で**遊ぶ**。 play
遊ぶ

□ ボールを**転がす**。 roll
を転がす

□ ボールを**放る**。 toss
を放る

□ ボールを**つく**。 bounce
をつく

□ ブランコに**乗る**。 get on
に乗る

□ ブランコを**揺する**。 swing
を揺する

□ 滑り台に**上る**。 go up
に上る

□ 滑り台を**滑る**。 go down
を滑る

□ 鉄棒に**ぶらさがる**。 hang on
にぶらさがる

□ 砂場で**穴を掘る**。 dig a hole
穴を掘る

□ 空きカンを**埋める**。 bury
を埋める

85

Part 2

昼
AFTERNOON

会社員——電話

I **call** a client.

I **pick up** the receiver.

I **put** the receiver **to** my ear.

I **leave** a message.

I **hang up**.

I **fax** a notice.

I **take the call**.

I **answer the call**.

I **put the call on hold**.

I **transfer the call** to my boss.

I **make a long phone call**.

36

□ 私は、取引先に**電話をする**。	call 電話をする
□ 受話器を**取る**。	pick up を取る
□ 受話器を耳に**当てる**。	put ～ to … ～を…に当てる
□ メッセージを**残す**。	leave を残す
□ **電話を切る**	hand up 電話を切る
□ 通知を**ファックスで送る**。	fax をファックスで送る
□ **電話を取る**。	take the call 電話を取る
□ **電話に出る**。	answer the call 電話に出る
□ **電話を保留にする**。	put the call on hold 電話を保留にする
□ 上司を**電話にまわす**。	transfer the call 電話をまわす
□ **長電話をする**。	make a long phone call 電話をする

89

会社員——営業①

I **confirm** the schedule.

I **write** where I'm going **on** the board.

I **leave** a message **for** my boss.

I **go down** to the first floor in an elevator.

I **leave** the office.

I **call at** a shop.

I **meet** the manager.

I **bow formally**.

I **greet** him with a smile.

I **hand** him a business card.

I **introduce myself**.

37

□ 私は、スケジュールを**確認する**。	confim を確認する
□ ボードに行き先を**書き込む**。	write 〜 on … 〜を…に書き込む
□ 上司にメッセージを**残す**。	leave 〜 for … 〜を…に残す
□ エレベーターで1階に**降りる**。	go down 降りる
□ 会社を**出る**。	leave を出る(中から外に)
□ 店を**訪ねる**。	call at を訪ねる(場所)
□ 店長に**会う**。	meet に会う
□ **深々とお辞儀をする**。	bow formally 深々とお辞儀をする
□ 笑顔で彼に**挨拶する**。	greet に挨拶する
□ 名刺を彼に**渡す**。	hand を渡す
□ **自己紹介する**。	Introduce oneself 自己紹介する

91

会社員——営業②

I **receive** a business card from the manager.

I **show** him a catalog.

I **explain** the goods **in detail** to him.

I **talk business with** him.

I **negotiate** the price with him.

I **make a deal with** him.

I **draw up a contract with** the shop.

I **fill in** an order sheet.

I **express my thanks**.

I **lower** my head.

I **come back to** the office with a smile.

38

☐ 私は、店長から名刺を**受け取る**。	receive を受け取る
☐ カタログを彼に**見せる**。	show を見せる
☐ 商品を彼に**詳しく説明する**。	explain ～ in detail ～を詳しく説明する
☐ 彼と**商談する**。	talk business with と商談する
☐ 彼と値段の**交渉をする**。	negotiate 交渉をする
☐ 彼との**商談をまとめる**。	make a deal with との商談をまとめる
☐ そのお店と**契約を結ぶ**。	draw up a contract with と契約を結ぶ
☐ 注文書に**書き込む**。	fill in に書き込む
☐ **礼を言う**。	express one's thanks 礼を言う
☐ 頭を**下げる**。	lower を下げる
☐ 嬉しそうな顔で会社に**帰る**。	come back to に帰る

会社員——会議

I **attend** a meeting.

I **take my seat**.

I **sit in** a chair.

I **sit up straight**.

I **hand out** the papers.

I **run my eyes over** the papers.

I **mark** the important point with a pen.

I **read out** the papers.

I **read** the papers **over again**.

I **express** my opinion.

I **ask for** opinions.

39

☐ 私は、会議に**出席する**。	attend に出席する
☐ **席に着く**。	take one's seat 席に着く
☐ 椅子に**座る**。	sit in に座る
☐ **きちんと座る**。	sit (up) straight きちんと座る
☐ 書類を**配る**。	hand out を配る（手渡しで）
☐ 書類に**ざっと目を通す**。	run one's eyes over にざっと目を通す
☐ ペンで重要な点に**印をつける**。	mark に印をつける
☐ 書類を**読み上げる**。	read out を読み上げる
☐ 書類を**読み返す**。	read ~ over again ~を読み返す
☐ 意見を**述べる**。	express を述べる
☐ 意見を**求める**。	ask for を求める

95

部長——オフィス

I **have a smoke**.

I **puff** out.

I **stifle** a yawn.

I **hide** a yawn behind my hand.

I **tighten up** my tie.

I casually **look around** the room.

I **get to work**.

I **unfold** the letter.

I **toss out** junk mail into the wastebasket.

I **turn over** the document.

I **put my seal on** the document.

40

□ 私は、**一服する。**
have (take) a smoke
一服する

□ 煙を**ふっと吹き出す。**
puff
ふっと吹き出す（煙などを）

□ あくびを**こらえる。**
stifle
をこらえる

□ 手であくびを**隠す。**
hide
を隠す

□ ネクタイを**キュッと締める。**
tighten (up)
をキュッと締める

□ なにげなく室内を**見渡す。**
look around
を見渡す

□ **仕事を始める。**
get to work
仕事を始める

□ 手紙を**開く。**
unfold
を開く

□ ダイレクトメールをクズかごに**投げ捨てる。**
toss out
を投げ捨てる

□ 書類を**めくる。**
turn over
をめくる

□ 書類に**捺印する。**
put one's seal on
に捺印する

社長——社長室

I **fold my arms**.

I **jiggle my leg**.

I **am irritated**.

I **clear my throat**.

I **call** my subordinate.

I **glare at** him.

I **storm at** him.

I **bawl** him **out**.

I **blame** him **for** deterioration of the results.

I **harp on** the same thing.

I **run** him **down**.

41

☐ 私は、**腕を組む**。	fold one's arms 腕を組む
☐ **貧乏ゆすりをする**。	jiggle one's leg 貧乏ゆすりをする
☐ **いらいらする**。	be irritated いらいらする
☐ **咳払いする**。	clear one's throat 咳払いする
☐ 部下を**呼ぶ**。	call を呼ぶ
☐ 彼を**にらみつける**。	glare at をにらみつける（怒って）
☐ 彼を**怒鳴りつける**。	storm at を怒鳴りつける
☐ 彼を**しかる**。	bawl ～out ～をしかる
☐ 業績の悪化のために彼を**とがめる**。	blame for … ～を…のためにとがめる
☐ 同じことを**くどくどと言う**。	harp on をくどくどと言う（同じこと）
☐ 彼を**けなす**。	run ～ down ～をけなす

部長──社長室

I **knock on** the door.

I **go in** the room humbly.

I **shudder at** the president's rage.

I **turn pale**.

I **shrug** my shoulders.

I **distort** my face.

I **kneel down** on the floor.

I **beg** his pardon.

I **apologize on my knees**.

I **apologize profusely**.

I **go back** to my room.

42

□ 私は、ドアを**ノックする**。	knock on をノックする
□ 恐る恐る部屋に**入る**。	go in に入る
□ 社長の激怒に**震える**。	shudder at に震える(恐ろしさ・寒さなど)
□ 顔が**青ざめる**。	turn pale 青ざめる
□ 肩を**すぼめる**。	shrug をすぼめる
□ 顔を**ゆがめる**。	distort をゆがめる
□ 床に**ひざまずく**。	kneel (down) ひざまずく
□ 彼の許しを**請う**。	beg を請う
□ **ひざまずいて謝る**。	apologize on one's knees ひざまずいて謝る
□ **平に謝る**。	apologize profusely 平に謝る
□ 自分の部屋に**戻る**。	go back 戻る

OL──オフィス

I **serve** my boss a cup of coffee.

I **type out** the papers.

I **input** the information.

I **put** the papers **in order**.

I **classify** the papers.

I **staple** the papers.

I **fasten** the papers **with a clip**.

I **dispose of** the useless papers.

I **throw away** the papers in a trash can.

I **clip** an article **out** of the paper.

I **make a copy** of the article.

43

☐ 私は、上司にコーヒーを**出す**。
serve
を出す

☐ 書類を**パソコンで打つ**。
type out
をパソコンで打つ

☐ 情報を**コンピューターに入力する**。
input
をコンピューターに入力する

☐ 書類を**整理する**。
put ～ in order
を整理する

☐ 書類を**分類する**。
classify
を分類する

☐ 書類を**ホッチキスでとじる**。
staple
をホッチキスでとじる

☐ **クリップで書類をとめる**。
fasten ～ with a clip
～をクリップでとめる

☐ 不用な書類を**処分する**。
dispose of
を処分する

☐ 書類をクズ入れに**捨てる**。
throw away
を捨てる

☐ 新聞から記事を**切り抜く**。
clip ～（out）
～を切り抜く

☐ 記事の**コピーをとる**。
make a copy
コピーをとる

OL——雑談

I **stand and chat** in the hallway.

I **chatter**.

I **babble** on and on.

I **gripe** about my job.

I **whisper** in her ear.

I **speak in a low voice**.

I **giggle**.

I **talk about** my lover.

I **boast about** my lover.

I **speak fondly of** my lover.

I **grin**.

44

☐ 私は、廊下で**立ち話をする**。
stand and chat
立ち話をする

☐ **ペチャクチャしゃべる**。
chatter
ペチャクチャしゃべる

☐ **ペチャクチャしゃべる**。
babble
ペチャクチャしゃべる

☐ 仕事の**不平をたらたら言う**。
gripe
不平をたらたら言う

☐ 彼女の耳元で**ささやく**。
whisper
ささやく

☐ **小声で話す**。
speak in a low voice
小声で話す

☐ **くすくす笑う**。
giggle
くすくす笑う(若い女性が)

☐ 彼氏について**話す**。
talk about
について話す

☐ 彼氏のことを**自慢する**。
boast about
を自慢する

☐ 彼氏のことを**のろける**。
speak fondly of
をのろける

☐ **にっこり笑う**。
grin
にっこり笑う(歯を見せて)

児童——図画

I **cut** a piece of paper with scissors.

I **cut up** colored paper.

I **cut out** a picture.

I **fold** paper in half.

I **paste** on drawing paper.

I **sharpen** a pencil with a knife.

I **draw** flowers.

I **paint** in watercolors.

I **dissolve** paints in water.

I **pin up** a picture on the wall.

I **boast about** my picture.

45

☐ 私は、はさみで紙を**切る**。	cut を切る
☐ 色紙を**切り刻む**。	cut up を切り刻む
☐ 写真を**切り抜く**。	cut out を切り抜く
☐ 紙を半分に**折る**。	fold を折る
☐ 画用紙に**紙を糊づけする**。	paste 紙を糊づけする
☐ ナイフで鉛筆を**削る**。	sharpen を削る
☐ 花を**描く**。	draw を描く（線で）
☐ 水彩絵の具で**絵を描く**。	paint 絵を描く（絵の具で）
☐ 絵の具を水で**溶く**。	dissolve を溶く
☐ 壁に絵を**画鋲でとめる**。	pin up を画鋲でとめる
☐ 自分の絵を**自慢する**。	boast about を自慢する

児童——工作

I **knead** clay.

I **hollow out** clay.

I **bend** a wire.

I **snap** a stick in two.

I **wind** the wire **around** the stick.

I **saw** a log.

I **carve** a log.

I **file** a log.

I **drive a nail** into a log.

I **bore** a hole with a gimlet.

I **varnish** a log.

46

☐ 私は、粘土を**こねる**。
knead
をこねる

☐ 粘土を**くりぬく**。
hollow (out)
をくりぬく

☐ 針金を**曲げる**。
bend
を曲げる

☐ 棒を二つに**ぽきっと折る**。
snap
をぽきっと折る

☐ 針金を棒に**巻きつける**。
wind 〜 around
〜を…に巻きつける

☐ 丸太を**のこぎりで切る**。
saw
をのこぎりで切る

☐ 丸太を**彫る**。
carve
を彫る

☐ 丸太に**やすりをかける**。
file
にやすりをかける

☐ 丸太に**釘を打つ**。
drive a nail
釘を打つ

☐ きりで穴を**あける**。
bore
をあける（きり・ドリルで）

☐ 丸太に**ニスを塗る**。
varnish
にニスを塗る

児童——家庭科

I **thread** a needle.

I **sew** the clothes.

I **sew** a button **on** a coat.

I **sew** a skirt with a sewing machine.

I **shorten** a dress.

I **take in** a skirt at the waist.

I **mend** a tear in the trousers.

I **knit** a muffler from wool.

I **embroider** initials on a handkerchief.

I **iron** a handkerchief.

I **dye** a T-shirt blue.

47

□ 私は、針に**糸を通す**。
thread
に糸を通す

□ 着物を**縫う**。
sew
を縫う

□ 上着のボタンを**縫いつける**。
sew ～ on …
～を…に縫いつける

□ ミシンでスカートを**縫う**。
sew
を縫う

□ ドレスの**丈を詰める**。
shorten
の丈を詰める

□ スカートのウエストを**詰める**。
take in
を詰める（幅）

□ ズボンの破れを**繕う**。
mend
を繕う

□ 毛糸でマフラーを**編む**。
knit
を編む

□ ハンカチにイニシャルを**刺繍する**。
embroider
を刺繍する

□ ハンカチに**アイロンをかける**。
iron
にアイロンをかける

□ Tシャツを青に**染める**。
dye
を染める

児童——体育

I **change into** a gym suit.

I **do calisthenics**.

I **bend down**.

I **bend backward**.

I **bend my knees**.

I **stretch out** my knees.

I **swing** my head **around**.

I **breathe in** deeply.

I **hold my breathe**.

I **breathe out**.

I **straighten** my back.

48

□ 私は、体操服に**着替える**。
change into
に着替える

□ **柔軟体操をする**。
do calisthenics
柔軟体操をする

□ **上体を曲げる**。
bend down
上体を曲げる

□ **上体をうしろに反らす**。
bend backward
上体をうしろに反らす

□ **ひざを曲げる**。
bend one's knees
ひざを曲げる

□ ひざを**伸ばす**。
stretch (out)
を伸ばす

□ 首を**ぐるりとまわす**。
swing ～ around
～をぐるりとまわす

□ 大きく**息を吸う**。
breathe in
息を吸う

□ **息を止める**。
hold one's breathe
息を止める

□ **息を吐く**。
breathe out
息を吐く

□ 背筋を**まっすぐにする**。
straighten
をまっすぐにする

児童——運動会の練習

I **march** around the playground.

I **run** fifty meters.

I **dash** toward the goal.

I **play tug-of-war**.

I **grasp** the rope firmly.

I **pull at** the rope.

I **tug** with all my might.

I **stand firm**.

I **clench my teeth**.

I **do my best**.

I **run out of breath**.

49

☐ 私は、運動場を**行進する**。	marsh 行進する
☐ 50メートル**走る**。	run 走る
☐ ゴールに向かって**ダッシュする**。	dash ダッシュする
☐ **綱引きをする**。	play tug-of-war 綱引きをする
☐ ロープをしっかりと**つかむ**。	grasp をつかむ（握る）
☐ ロープを**引っ張る**。	pull at を引っ張る
☐ 力いっぱい**ぐいっと引っ張る**。	tug ぐいっと引っ張る
☐ **ふんばる**。	stand firm ふんばる
☐ **歯を食いしばる**。	clench one's teeth 歯を食いしばる
☐ **全力を尽くす**。	do one's best 全力を尽くす
☐ **息を切らす**。	run out of breath 息を切らす

女子生徒──授業

I **read** the textbook **in a loud voice**.

I **read with intonation**.

"A-aaaaa," I **stammer**.

I **am upset**.

I **am put to shame**.

I **blush** deeply with embarrassment.

I **cover** my face with my hands.

I **drop my shoulders**.

I **look around restlessly**.

I **look out of** the window vacantly.

I **sigh**.

50

□ 私は、**大きな声で**教科書を読む。
read ～ in a loud voice
～を大きな声で読む

□ **抑揚をつけて読む**。
read with intonation
抑揚をつけて読む

□ 「あああああ」と**どもる**。
stammer
どもる

□ **取り乱す**。
be upset
取り乱す

□ **恥をかく**。
be put to shame
恥をかく

□ 恥ずかしさでひどく**赤面する**。
blush
赤面する

□ 手で顔を**おおう**。
cover
をおおう

□ **肩を落とす**。
drop one's shoulders
肩を落とす

□ **きょろきょろ見まわす**。
look around restlessly
きょろきょろ見まわす

□ ぼんやりと窓の**外を見る**。
look out of
の外を見る

□ **ため息をつく**。
sigh
ため息をつく

生徒──テスト

I **take** an exam.

I **take a look** at the questions.

I **skim** the questions.

I **write down** an answer.

I **peep to** the side.

I **peer at** his answer.

I **steal a glance at** an answer.

I **cheat**.

I **rub out** the answer with an eraser.

I **rewrite** the answer.

I **turn in** my answer sheet.

51

□ 私は、試験を**受ける**。
take
を受ける

□ 問題に**目を通す**。
take a look
目を通す

□ 問題を**ざっと読む**。
skim
をざっと読む

□ 答えを**書き込む**。
write down
を書き込む

□ 横を**のぞく**。
peep to
をのぞく

□ 彼の答えを**のぞく**。
peer at
をのぞく（もっとよく見ようと）

□ 答えを**盗み見する**。
steal a glance at
を盗み見する

□ **カンニングする**。
cheat
カンニングする

□ 消しゴムで**こすって答えを消す**。
rub out
をこすって消す

□ 答えを**書き直す**。
rewrite
を書き直す

□ 答案を**提出する**。
turn in
を提出する

児童——昼食

I **have lunch**.

I **swallow down** my saliva.

I **lick my lips**.

I **have a sniff** of my lunch.

I **gulp down** milk.

I **gobble up** lunch.

I **crunch** a carrot.

I **stick** a fork in the apple.

I **bite** an apple.

I **chew** my food.

I **eat up** lunch.

52

☐ 私は、**昼食を食べる**。	have lunch 昼食を食べる
☐ 生唾を**のみ込む**。	swallow down をのみ込む
☐ **舌なめずりする**。	lick one's lips 舌なめずりする
☐ 昼食の**においをかぐ**。	have a sniff においをかぐ
☐ ミルクを**がぶがぶ飲む**。	gulp（down） をがぶがぶ飲む
☐ 昼食を**がつがつ食う**。	gobble（up） をがつがつ食う
☐ ニンジンを**カリカリ噛む**。	crunch をカリカリ噛む
☐ リンゴにフォークを**突き刺す**。	stick を突き刺す
☐ リンゴを**かじる**。	bite をかじる
☐ 食べ物を**よく噛む**。	chew をよく噛む
☐ 昼食を**平らげる**。	eat up を平らげる

121

会社員──昼飯

I **eat out**.

I **order** the day's special.

I **slurp** my soup.

I **slurp up** soba noodles.

I **wolf down** rice.

I **munch** cabbage.

I **slurp** cola through a straw

I **sweat**.

I **fan** myself.

I **wipe** the sweat **off**.

I **pay** the bill.

53

□ 私は、**外食する**。	eat out 外食する	
□ 日替わりを**注文する**。	order を注文する	
□ スープを**音をたててすする**。	slurp を音をたててすする	
□ そばを**つるつる食べる**。	slurp up をつるつる食べる	
□ ご飯を**がつがつ食う**。	wolf (down) をがつがつ食う	
□ キャベツを**むしゃむしゃ食べる**。	munch をむしゃむしゃ食べる	
□ ストローでコーラを**チューチュー吸う**。	slurp をチューチュー吸う	
□ **汗をかく**。	sweat 汗をかく	
□ **うちわであおぐ**。	fan をうちわであおぐ	
□ 汗を**拭き取る**。	wipe ～ off ～を拭き取る	
□ 勘定を**支払う**。	pay を支払う	

主婦——昼寝

I **get tired**.

I **am dead tired**.

I **take a rest**.

I **flop** onto the sofa.

I **recline** on the sofa.

I **sit cross-legged**.

I **massage** my shoulders.

I **lie down** on the sofa.

I **loll** on the sofa.

I **take a nap**.

I **snooze**.

54

□ 私は、**疲れる**。
get tired
疲れる

□ **疲れてぐったりする**。
be dead tired
疲れてぐったりする

□ **休息する**。
take（have）a rest
休息する

□ ソファの上に**ドサッと倒れる**。
flop
ドサッと倒れる

□ ソファに**もたれかかる**。
recline
もたれかかる

□ **あぐらをかく**。
sit cross-legged
あぐらをかく

□ 肩を**もむ**。
massage
をもむ

□ ソファに**横たわる**。
lie（down）
に横たわる

□ ソファに**寝そべる**。
loll
寝そべる

□ **昼寝をする**。
take（have）a nap
昼寝をする

□ **うたた寝する**。
snooze
うたた寝する

主婦——洗濯物

I **look up at** the sky.

I **take in** the wash.

I **slap** the futon.

I **hold** the futon in my arms.

I **fold up** the wash.

I **pile up** the wash.

I **classify** the wash.

I **pull** a drawer **open**.

I **put** the wash in the chest of drawers.

I **pack** the wash **into** the drawer.

I **close** the drawer.

55

□ 私は、空を**見上げる**。	look up at を見上げる
□ 洗濯物を**取り込む**。	take in を取り込む
□ 布団を**バンバン叩く**。	slap をバンバン叩く
□ 両腕で布団を**抱える**。	hold を抱える
□ 洗濯物を**折りたたむ**。	fold (up) を折りたたむ
□ 洗濯物を**積み重ねる**。	pile (up) を積み重ねる
□ 洗濯物を**分ける**。	classify を分ける
□ 引き出しを**引っ張って開ける**。	pull ～ open ～を引っ張って開ける
□ 整理ダンスに洗濯物を**しまう**。	put をしまう
□ 洗濯物を引き出しに**詰める**。	pack ～ into … ～を…に詰める
□ 引き出しを**閉める**。	close を閉める

主婦——ショッピング①

I **go out shopping**.

I **open an umbrella**.

I **walk under an umbrella**.

I **get in** a shopping center.

I **close an umbrella**.

I **stroll** around in a shopping center.

I **look in at** a shop.

I **have** a coat **in my hand**.

I **compare** the coat **with** another.

I **try on** the coat.

I **take** the coat **to** the salesclerk.

56

☐ 私は、**買い物に出かける**。	go out shopping 買い物に出かける
☐ **傘をさす**。	open an umbrella 傘をさす
☐ **傘をさして歩く**	walk under an umbrella 傘をさして歩く
☐ ショッピングセンターに**入る**。	get in に入る（口語的）
☐ **傘をたたむ**。	close an umbrella 傘をたたむ
☐ ショッピングセンターを**ぶらぶらする**。	stroll ぶらぶらする
☐ お店を**のぞく**。	look in at をのぞく
☐ コートを**手に持つ**。	have ～ in one's hand ～を手に持つ
☐ そのコートを他のものと**比較する**。	compare ～ with … ～を…と比較する
☐ コートを**試着する**。	try on を試着する
☐ コートを店員に**持って行く**。	take ～ to … ～を…に持って行く

129

主婦──ショッピング②

I **bargain with** the salesclerk **for** the cost.

I **buy** the coat **at a low price**.

I **take** the money **out of** my wallet.

I **pay in cash**.

I **receive** change.

I **drop by** a coffee shop.

I **stop by** a bookstore.

I **read** a magazine **standing up**.

I **flip through** the pages of a magazine.

I **skim through**.

I **skip over**.

57

☐ 私は、店員と値段を**交渉する**。	bargain with ~ for … ~と…を交渉する
☐ コートを**安く買う**。	buy ~ at a low price ~を安く買う
☐ 財布からお金を**取り出す**。	take ~ out of … …から~を取り出す
☐ **現金で支払う**。	pay in cash 現金で支払う
☐ つり銭を**受け取る**。	receive を受け取る
☐ コーヒー店に**立ち寄る**。	drop by に立ち寄る
☐ 本屋に**寄る**。	stop by に寄る
☐ 雑誌を**立ち読みする**。	read ~ standing up ~を立ち読みする
☐ 雑誌のページを**パラパラめくる**。	flip through をパラパラめくる
☐ **ざっと見る**。	skim through をざっと見る
☐ **飛ばし読みする**。	skip (over) 飛ばし読みする

児童——放課後

I **take down** my backpack.

I **fling** my bag to the ground.

I **climb** a hill.

I **run down** the hill.

I fall and **skin** my knee.

I **dust off** my pants.

I **take off** my shoes.

I **walk barefoot**.

I **splash around** in the mud.

I **paddle**.

I **get muddy**.

58

□ 私は、ランドセルを**下ろす**。
take down
を下ろす

□ 地面にカバンを**投げる**。
fling
を投げる（乱暴に）

□ 丘を**登る**。
climb
を登る

□ 丘を**駆け下りる**。
run down
を駆け下りる

□ 転んでひざを**すりむく**。
skin
をすりむく

□ ズボンを**パタパタはたく**。
dust off
をパタパタはたく

□ 靴を**脱ぐ**。
take off
を脱ぐ

□ **裸足で歩く**。
walk barefoot
裸足で歩く

□ ぬかるみを**ぴちゃぴちゃ歩く**。
splash around
ぴちゃぴちゃ歩く

□ **ペタペタ歩く**。
paddle
ペタペタ歩く

□ **泥だらけになる**。
get muddy
泥だらけになる

子供——水遊び

I **get into** the river.

I **scoop up** water with my hands.

I **catch** a fish.

I **miss a step** on the stone.

I **get all wet**.

I **throw off my clothes**.

I **swim** in a river.

I **jump into** the river.

I **dive** into the river.

I **dive** into the water.

I **row** a boat on the river.

59

□ 私は、川の**中に入る**。
get into
の中に入る

□ 両手で水を**すくう**。
scoop (up)
をすくう

□ 魚を**捕まえる**。
catch
を捕まえる

□ 石を**踏みはずす**。
miss a step
踏みはずす

□ **ずぶ濡れになる**。
get all wet
ずぶ濡れになる

□ **服を脱ぎ捨てる**。
throw off one's clothes
服を脱ぎ捨てる

□ 川で**泳ぐ**。
swim
泳ぐ

□ 川に**飛び込む**。
jump into
に飛び込む

□ 川に**頭から飛び込む**。
dive
頭から飛び込む

□ 水中に**潜る**。
dive
潜る

□ 川でボートを**漕ぐ**。
row
を漕ぐ

子供——行い

I **whistle**.

I **skip rope**.

I **step on** an ant.

I **crush** a can under my foot.

I **throw** a bottle **against** the ground.

I **break** the bottle.

I **beckon to** a cat.

I **hold** its neck.

I **sniff at** the cat.

I **stroke** the cat.

I **pet** the cat.

60

□ 私は、**口笛を吹く**。	whistle 口笛を吹く
□ **なわとびをする**。	skip rope なわとびをする
□ アリを**踏みつける**。	step on を踏みつける
□ カンを踏み**つぶす**。	crush をつぶす
□ ビンを地面に**叩きつける**。	throw 〜 against … 〜を…に叩きつける
□ ビンを**割る**。	break を割る
□ 猫に**手招きをする**。	beckon to に手招きをする
□ その首を**つかむ**。	hold をつかむ
□ 猫のにおいを**くんくんかぐ**。	sniff at をくんくんかぐ(におい)
□ 猫を**なでる**。	stroke をなでる
□ 猫を**かわいがる**。	pet をかわいがる

子供——かくれんぼ

I **play hide-and-seek**.

I **flip** a coin.

I **hide** behind the gate.

I **climb** a tree.

I **cling to** the tree.

I **jump down** from the tree.

I **jump** onto the ground.

I **crawl** under the floor.

I **crawl out** from under the floor.

I **creep into** the shed.

I **hold my breath**.

61

□ 私は、**かくれんぼをする**。
play hide-and-seek
かくれんぼをする

□ コインを**はじく**。
flip
をはじく

□ 門の陰に**隠れる**。
hide
隠れる

□ 木に**よじ登る**。
climb
によじ登る

□ 木に**しがみつく**。
cling to
しがみつく

□ 木から**飛び下りる**。
jump (down)
飛び下りる

□ 地面に**飛び下りる**。
jump
飛び下りる

□ 床下に**潜り込む**。
crawl
潜り込む（腹ばいになって）

□ 床下から**はい出る**。
crawl out
はい出る

□ 物置に**忍び込む**。
creep into
に忍び込む

□ **息を殺す**。
hold one's breath
息を殺す

子供──帰宅

I **look into** the refrigerator.

I **look for** something to eat.

I **open the bottle**.

I **cap the bottle**.

I **take the lid off** a box.

I **sneak** a piece of cake.

I **put the lid on** the box.

I **pick up** candy.

I **suck on** candy.

I **chew** gum.

I **stick** the gum **on** the wall.

62

☐ 私は、冷蔵庫を**のぞく**。	look into をのぞく
☐ 何か食べ物を**探す**。	look for を探す
☐ **ビンのふたを開ける**。	open the bottle ビンのふたを開ける
☐ **ビンのふたをする**。	cap the bottle ビンのふたをする
☐ 箱の**ふたを開ける**。	take the lid off のふたを開ける
☐ ケーキを**くすねる**。	sneak をくすねる
☐ 箱に**ふたをする**。	put the lid on にふたをする
☐ アメを**つまみあげる**。	pick（up） をつまみあげる
☐ アメを**しゃぶる**。	suck on をしゃぶる
☐ ガムを**噛む**。	chew を噛む
☐ ガムを壁に**くっつける**。	stick 〜 on … 〜を…にくっつける

141

子供——遊び

I **play a game**.

I **throw the dice**.

I **play cards**.

I **shuffle the cards**.

I **deal the cards**.

I **build** a plastic model.

I **put together** a model with glue.

I **stick** a sticker on the model.

I **fly** a kite.

I **fly** a paper plane.

I **float** a toy boat on the pond.

63

☐ 私は、**ゲームをする**。
play a game
ゲームをする

☐ **さいころを振る**。
throw the dice
さいころを振る

☐ **トランプをする**。
play cards
トランプをする

☐ **トランプを切る**。
shuffle the cards
トランプを切る

☐ **トランプを配る**。
deal the cards
トランプを配る

☐ プラモデルを**組み立てる**。
build
を組み立てる

☐ 接着剤で模型を**くっつける**。
put together
をくっつける

☐ 模型にシールを**貼る**。
stick
を貼る

☐ 凧を**揚げる**。
fly
を揚げる

☐ 紙飛行機を**飛ばす**。
fly
を飛ばす

☐ おもちゃの船を池に**浮かべる**。
float
を浮かべる

子供──遊園地

I **walk around** the amusement park.

I **line up** behind the others.

I **wait my turn**.

I **ride** a wooden horse.

I **get on** a roller coaster.

I **grip** the rail.

I **scream** in fear.

I **tremble** with fear.

I **wet my pants**.

I **feel shaky**.

I **have a good time** in the park.

64

☐ 私は、遊園地を**歩きまわる**。
walk around
を歩きまわる

☐ 列の最後に**並ぶ**。
line up
並ぶ

☐ **順番を待つ**。
wait one's turn
順番を待つ

☐ 木馬に**乗る**。
ride
に乗る（馬・自転車・バイクなど）

☐ ジェットコースターに**乗る**。
get on
に乗る

☐ 手すりを**強く握る**。
grip
を強く握る

☐ 恐ろしさで**悲鳴をあげる**。
scream
悲鳴をあげる

☐ 恐怖で**震える**。
tremble
震える

☐ **おしっこを漏らす**。
wet one's pants
おしっこを漏らす

☐ **足がふらふらする**。
feel shaky
足がふらふらする

☐ 公園で**楽しく過ごす**。
have a good time
楽しく過ごす

子供——ケガ

I **pinch** my finger in the door.

I **get a splinter** in my finger.

I **pull out** the splinter.

I **cut** my finger with a knife.

I **hurt** my finger.

I **disinfect** the cut.

I **spread** iodine on the cut.

I **apply** ointment to a cut.

I **apply** a sticking plaster.

I **bind up** a cut.

I **wind** a bandage around my finger.

65

☐ 私は、ドアに指を**はさむ**。	pinch をはさむ
☐ **とげが刺さる**。	get a splinter とげが刺さる
☐ とげを**抜く**。	pull out を抜く
☐ ナイフで指を**切る**。	cut を切る
☐ 指に**ケガをする**。	hurt にケガをする
☐ 傷口を**消毒する**。	disinfect を消毒する
☐ 傷口にヨードチンキを**塗る**。	spread を塗る
☐ 傷口に軟膏を**塗る**。	apply を塗る
☐ ばんそうこうを**貼る**。	apply を貼る
☐ 傷口に**包帯をする**。	bind up に包帯をする
☐ 指に包帯を**巻く**。	wind を巻く

子供——病気

"Achoo!" I **sneeze**.

I **sniffle**.

I **cough** badly.

I **gargle**.

I **feel dizzy**.

I **take my temperature**.

I **take medicine**.

I **cool** my head with ice.

I **warm** my body.

I **get a shot** in the arm.

I **roll** my sleeve **up**.

66

□ 私は、「ハクション！」と **くしゃみをする。**	sneeze くしゃみをする
□ **鼻をすする。**	sniffle 鼻をすする
□ 激しく**咳をする。**	cough 咳をする
□ **うがいをする。**	gargle うがいをする
□ **めまいがする。**	feel dizzy めまいがする
□ **体温を測る。**	take one's temperature 体温を測る
□ **薬を飲む。**	take medicine 薬を飲む
□ 氷で頭を**冷やす。**	cool を冷やす
□ 体を**温める。**	warm を温める
□ 腕に**注射をしてもらう。**	get a shot 注射をしてもらう
□ 袖を**まくる。**	roll ～ up ～をまくる

149

店員—店

I **buzz around** in the store.

I **display** goods in the window.

I **blow up** a balloon.

I **decorate** the window with balloons.

I **call to** a customer.

I **take** a product **out of** the window.

I **show** the product to the customer.

I **explain** the product to the customer.

I **recommend** the product to the customer.

I **wrap up** the product in wrapping paper.

I **take** the money.

67

☐ 私は、店の中を**忙しく動きまわる**。	buzz (around) 忙しく動きまわる
☐ ショーウィンドーに商品を**展示する**。	display を展示する
☐ 風船を**ふくらます**。	blow up をふくらます
☐ 風船でショーウインドーを**飾る**。	decorate を飾る
☐ お客に**呼びかける**。	call to に呼びかける
☐ ショーウインドーから品物を**取り出す**。	take ～ out of … …から～を取り出す
☐ お客に品物を**見せる**。	show を見せる
☐ お客に品物を**説明する**。	explain を説明する
☐ お客に品物を**勧める**。	recommend を勧める
☐ 品物を包装紙に**包む**。	wrap (up) を包む
☐ 代金を**受け取る**。	take を受け取る

151

従業員——運送

I **lift up** a box.

I **carry** the box to the truck.

I **carry** the box **on my shoulder**.

I **load** the truck.

I **pile up** boxes high.

I **tie** the freight with a rope.

I **transport** the freight.

I **arrive at** my destination.

I **undo** the rope.

I **unload** the freight from the truck.

I **place** the freight on the side of the road.

68

☐ 私は、箱を**持ち上げる**。	lift（up） を持ち上げる	
☐ トラックまで箱を**運ぶ**。	carry を運ぶ	
☐ 箱を**肩にかついで運ぶ**。	carry 〜 on one's shoulder 〜を肩にかついで運ぶ	
☐ **荷物を**トラックに**載せる**。	load に荷物を載せる	
☐ 箱を高く**積み重ねる**。	pile（up） を積み重ねる	
☐ ロープで荷物を**縛る**。	tie を縛る	
☐ 荷物を**運送する**。	transport を運送する	
☐ 目的地に**到着する**。	arrive at に到着する	
☐ ロープを**ほどく**。	undo をほどく	
☐ トラックから荷物を**下ろす**。	unload を下ろす	
☐ 道路わきに荷物を**置く**。	place を置く	

従業員——解体作業

I **pull down** an old house.

I **throw away** junk.

I **tear** wallpaper **off** the wall.

I **break off** a door.

I **shove** a pillar.

I **topple** a pillar.

I **smash** the window.

I **break** concrete **into pieces**.

I **shatter** it with a hammer.

I **shovel** rubbish.

I **fill** a sack with rubbish.

69

□ 私は、古い家を**取り壊す**。	pull down を取り壊す（家など）
□ がらくたを**投げ捨てる**。	throw away を投げ捨てる
□ 壁から壁紙を**はがす**。	tear ～ off ～をはがす（無理やり）
□ ドアを**取りはずす**。	break off を取りはずす（壊して）
□ 柱を**強く押す**。	shove を強く押す（乱暴に）
□ 柱を**倒す**。	topple を倒す
□ 窓を**打ち砕く**。	smash を打ち砕く
□ コンクリートを**砕く**。	break ～ into pieces ～を砕く
□ ハンマーで**こなごなに砕く**。	shatter こなごなに砕く
□ ゴミを**シャベルですくう**。	shovel をシャベルですくう
□ ゴミで袋を**いっぱいにする**。	fill をいっぱいにする

工員——自動車整備

I **repair** a car.

I **lift** the hood.

I **stoop**.

I **look inside**.

I **check** the engine.

I **supply** the engine with oil.

I **loosen** a bolt.

I **remove** the battery.

I **replace** the battery.

I **tighten** the bolt.

I **spray** paint the car.

70

☐ 私は、車を**修理する**。	repair	を修理する
☐ ボンネットを**持ち上げる**。	lift	を持ち上げる
☐ **身をかがめる**。	stoop	身をかがめる
☐ **中をのぞき込む**。	look inside	中をのぞき込む
☐ エンジンを**点検する**。	check	を点検する
☐ エンジンに油を**補給する**。	supply	を供給する
☐ ボルトを**ゆるめる**。	loosen	をゆるめる
☐ バッテリーを**取りはずす**。	remove	を取りはずす
☐ バッテリーを**交換する**。	replace	を交換する（だめになったものを）
☐ ボルトを**締める**。	tighten	を締める
☐ 車にペンキを**吹きつける**。	spray	を吹きつける

157

不良学生──サボり

I **slip out of** the classroom.

I **cut** afternoon classes.

I **spit** on the road.

I **goof off**.

I **make a prank call**.

I **scribble** on the wall.

I **trample** flowers.

I **mess up** the flowerbed.

I **threaten** a student with a knife.

I **extort** money from a student.

I **shoplift**.

71

□ 私は、教室を**抜け出す**。

slip out of
を抜け出す

□ 午後の授業を**サボる**。

cut
をサボる

□ 道に**唾を吐く**。

spit
唾を吐く

□ **いたずらをする**。

goof off
いたずらをする

□ **いたずら電話をする**。

make a prank call
いたずら電話をする

□ 壁に**落書きをする**。

scribble
落書きをする

□ 花を**踏みにじる**。

trample
を踏みにじる

□ 花壇を**めちゃめちゃにする**。

mess up
をめちゃめちゃにする

□ 生徒をナイフで**脅す**。

threaten
を脅す

□ 生徒からお金を**巻き上げる**。

extort
を巻き上げる

□ **万引きする**。

shoplift
万引きする

青年──喧嘩

I **slip** on a banana peel.

I **fall flat**.

I **stand up** unsteadily.

I **get angry at** the banana peel.

I **turn red** with anger.

I **pick a fight with** a pedestrian.

I **quarrel** with him.

I **fight** with him.

I **hit** his face.

I **run away** from there.

I **dash** gasping.

72

☐ 私は、バナナの皮で**滑って転ぶ**。
slip
滑って転ぶ

☐ **ばったり倒れる**。
fall flat
ばったり倒れる

☐ フラフラと**立ち上がる**。
stand up
立ち上がる

☐ バナナの皮に**腹を立てる**。
get angry at
に腹を立てる

☐ 怒りで**赤くなる**。
turn red
赤くなる

☐ 通行人に**喧嘩を売る**。
pick a fight with
に喧嘩を売る

☐ 彼と**喧嘩する**。
quarrel
喧嘩する(激しく言い合う)

☐ 彼と**喧嘩する**。
fight
喧嘩する(暴力に訴えて)

☐ 彼の顔を**殴る**。
hit
を殴る

☐ そこから**逃げる**。
run away
逃げる

☐ あえぎながら**全力で走る**。
dash
全力で走る

空き巣──住宅街

I **look around**.

I **scramble** up the fence.

I **sneak into** the house.

I **shine** a flashlight into the room.

I **walk stealthily**.

I **tiptoe**.

I **search for** a safe.

I **find** a safe.

I **force open** the safe.

I **steal** money from the safe.

I **sneak out of** the house.

73

□ 私は、**まわりを見まわす**。
look around
まわりを見まわす

□ 塀を**よじ登る**。
scramble
をよじ登る

□ 家に**忍び込む**。
sneak into
に忍び込む

□ 懐中電灯で部屋を**照らす**。
shine
を照らす

□ **足音を忍ばせて歩く**。
walk stealthily
足音を忍ばせて歩く

□ **つま先で歩く**。
tiptoe
つま先で歩く

□ 金庫を**くまなく探す**。
search for
をくまなく探す

□ 金庫を**探し出す**。
find
を探し出す

□ 金庫を**こじ開ける**。
force open
をこじ開ける

□ 金庫から金を**盗む**。
steal
を盗む

□ 家から**こっそり抜け出す**。
sneak out of
からこっそり抜け出す

悪人——犯罪

I **cheat** a person.

I **swindle** money from a man.

I **trick** a man **out of** his money.

I **blackmail** a president.

I **pick a pocket** on the train

I **snatch** a bag from a woman.

I **rob** a bank **of** money.

I **stab** a man with a knife.

I **strangle** a man with a tie.

I **fire** a gun at a man.

I **shoot** a man **dead**.

74

□ 私は、人を**だます**。
cheat
をだます

□ 男から金を**だまし取る**。
swindle
をだまし取る（金など）

□ 男を**だまして**金を**巻き上げる**。
trick 〜 out of …
をだまして…を巻き上げる

□ 社長を**恐喝する**。
blackmail
を恐喝する

□ 電車で**すりをはたらく**。
pick a pocket
すりをはたらく

□ 女性からバッグを**ひったくる**。
snatch
をひったくる

□ 銀行からお金を**奪う**。
rob 〜 of …
〜から…を奪う

□ ナイフで男を**刺す**。
stab
を刺す（刃物で）

□ ネクタイで男を**締め殺す**。
strangle
を締め殺す

□ 男に向けて銃を**撃つ**。
fire
を撃つ

□ 男を**撃ち殺す**。
shoot 〜 dead
〜を撃ち殺す

刑事──追跡

I **follow** the suspect.

I **approach** him.

I **run after** him.

I **catch up with** him.

I **jump on** him.

I **dodge** his attack.

I **wrench** the knife from him.

I **throw** him **down**.

I **hold** him **down**.

I **put handcuffs on** him.

I **arrest** him.

75

□ 私は、容疑者を**尾行する**。
follow
を尾行する

□ 彼に**近づく**。
approach
に近づく

□ 彼を**追いかける**。
run after
を追いかける

□ 彼に**追いつく**。
catch up with
に追いつく

□ 彼に**飛びかかる**。
jump on
に飛びかかる

□ 彼の攻撃から**身をかわす**。
dodge
から身をかわす

□ 彼からナイフを**もぎ取る**。
wrench
をもぎ取る

□ 彼を**投げ飛ばす**。
throw 〜 down
〜を投げ飛ばす

□ 彼を**押さえつける**。
hold 〜 down
〜を押さえつける

□ 彼に**手錠をかける**。
put handcuffs on
に手錠をかける

□ 彼を**逮捕する**。
arrest
を逮捕する

容疑者──取調室

I **sneer at** the detective.

I **mumble** something.

I **grumble** about being arrested.

I **make an excuse** somehow or other.

I **keep silent** about the case.

I **talk inadvertently** about the case.

I **confess** my crime.

I **talk honestly** about the case.

I **burst out** talking.

I **talk in detail**.

I **blab out**.

76

☐ 私は、刑事を**あざ笑う。**
sneer at
をあざ笑う

☐ 何かを**もぐもぐ言う。**
mumble
もぐもぐ言う

☐ 逮捕されたことについて
ぶつぶつ言う。
grumble
ぶつぶつ言う

☐ のらりくらりと**言い訳する。**
make an excuse
言い訳する

☐ その事件について**口をとざす。**
keep silent
口をとざす

☐ 事件について**うっかりしゃべる。**
talk inadvertently
うっかりしゃべる

☐ 罪を**白状する。**
confess
を白状する

☐ 事件について**ありのままに話す。**
talk honestly
ありのままに話す

☐ **急に話し出す。**
burst out 〜 ing
急に〜し出す

☐ **詳しく話す。**
talk in detail
詳しく話す

☐ **べらべらしゃべる。**
blab out
べらべらしゃべる

169

Part 3
夜
EVENING

OL──午後5時

I **work in a daze**.

I **cut** a page **out** of a magazine.

I **run off** ten copies.

I **hand in** the papers to my boss.

I **speak briefly** about the matter.

I **get back** to my seat.

I **jot** it **down** on a bit of paper.

I **hand** him a memo on the sly.

I **signal with my eyes**.

I **glance at** my watch.

I **put** my desk **in order**.

77

☐ 私は、**ぼんやりと**仕事をする。
work in a daze
ぼんやりと仕事をする

☐ 雑誌のページを**切り取る**。
cut ～ out
～を切り取る

☐ 10部**コピーする**。
run off
コピーする

☐ 上司に書類を**提出する**。
hand in
を提出する

☐ 用件を**手短に**話す。
speak briefly
手短に話す

☐ 自分の席に**戻る**。
get back
戻る

☐ 紙切れに**走り書きする**。
jot ～ down
～を走り書きする

☐ 彼にメモをこっそり**手渡す**。
hand
を手渡す

☐ **目配せする**。
signal with one's eyes
目配せする

☐ 腕時計を**ちらっと見る**。
glance at
をちらっと見る

☐ 机を**整頓する**。
put ～ in order
～を整頓する

OL——アフター5

I **knock off** work.

I **change into** a suit.

I **tidy myself up**.

I **touch up my makeup**.

I **go down** to the first floor in an elevator.

I **leave** the office in a happy mood.

I **look for** my boyfriend.

I **pat** him on the shoulder.

I **join hands** with him.

We **walk hand in hand**.

We **walk arm in arm**.

78

☐ 私は、仕事を**切り上げる**。	knock off	を切り上げる（口語的）
☐ スーツに**着替える**。	change into	に着替える
☐ **服装を整える**。	tidy oneself up	服装を整える
☐ **化粧直しをする**。	touch up one's makeup	化粧直しをする
☐ エレベーターで1階に**下りる**。	go down	下りる
☐ いそいそと会社を**出る**。	leave	を出る
☐ 恋人を**探す**。	look for	を探す
☐ 彼の肩を**軽く叩く**。	pat	を軽く叩く
☐ 彼と**手をつなぐ**。	join hands	手をつなぐ
☐ **手をつないで歩く**。	walk hand in hand	手をつないで歩く
☐ **腕を組んで歩く**。	walk arm in arm	腕を組んで歩く

OL―デート

I **snuggle up to** him.

I **glimpse at** him.

I **wink at** him.

I **gaze into** his eyes.

I **am fascinated by** him.

I **bat my eyes**.

I **give a smile**.

I **give a shy look**.

I **give** him **a kiss**.

I **droop my head**.

I **fall silent**.

79

□ 私は、彼に**寄り添う**。
snuggle up to
に寄り添う

□ 彼を**ちらっと見る**。
glimpse at
をちらっと見る

□ 彼に**ウインクする**。
wink at
にウインクする

□ 彼の目を**じっと見つめる**。
gaze into
をじっと見つめる

□ 彼に**見とれる**。
be fascinated by
に見とれる

□ **まばたきする**。
bat one's eyes
まばたきする

□ **にっこりする**。
give a smile
にっこりする

□ **はにかむ**。
give a shy look
はにかむ

□ 彼に**キスをする**。
give ～ a kiss
～にキスをする

□ **うつむく**。
droop one's head
うつむく

□ **黙り込む**。
fall silent
黙り込む

会社員——デート

I **wait for** her for half an hour.

I **hang around** the street.

I **puff away at** a cigarette.

I **stamp** my cigarette **out**.

I **spot** her among the crowd.

I **control my anger**.

I **act** gently toward her.

I **put my arm around** her waist.

I **hug** her.

I **embrace** her.

I **give** her **a big hug**.

80

☐ 私は、彼女を30分**待つ**。	wait for を待つ
☐ 通りを**うろつく**。	hang around をうろつく
☐ タバコを**スパスパ吸う**。	puff away at をスパスパ吸う
☐ タバコを**踏み消す**。	stamp ～ out ～を踏み消す（火など）
☐ 人ごみの中で彼女を**見つける**。	spot を見つける(多くのものの中から)
☐ **怒りを抑える**。	control one's anger 怒りを抑える
☐ 彼女に優しく**ふるまう**。	act ふるまう
☐ 彼女の腰に**腕をまわす**。	put one's arm around に腕をまわす
☐ 彼女を**抱きしめる**。	hug を抱きしめる（口語的）
☐ 彼女を**抱きしめる**。	embrace を抱きしめる（文語的）
☐ 彼女を**ギュッと抱きしめる**。	give ～ a big hug ～をギュッと抱きしめる

179

会社員——路上

I **pass** a beautiful woman.

I **stop myself**.

I **turn around**.

I **look back at** her.

I **am charmed by** her beauty.

I **run into** my boss.

I **exchange nods**.

I **bow subserviently**.

I **run across** my friend.

I **call to** him **to stop**.

I **shake hands with** him.

81

☐ 私は、美しい女性と**すれ違う**。	pass とすれ違う
☐ **立ち止まる**。	stop oneself 立ち止まる
☐ **振り返る**。	turn around 振り返る(体の向きを変えて)
☐ 彼女を**振り返って見る**。	look back at を振り返って見る(うしろを見る)
☐ 彼女の美しさに**引きつけられる**。	be charmed by に引きつけられる
☐ 上司に**偶然に会う**。	run into に偶然に会う
☐ **会釈を交わす**。	exchange nods 会釈を交わす
☐ **ペコペコ頭を下げる**。	bow subserviently ペコペコ頭を下げる
☐ 友達に**ひょっこり会う**。	run across にひょっこり会う
☐ 彼を**呼び止める**。	call to 〜 to stop 〜を呼び止める
☐ 彼と**握手をする**。	shake hands with と握手する

主婦——夕食①

I **make dinner**.

I **make** a salad.

I **cook** curry.

I **cook** meat.

I **peel** an orange.

I **pare** an apple.

I **chop up** an onion.

I **slice** the ham.

I **dice** a carrot.

I **grate** garlic.

I **scoop out** a pumpkin.

82

□ 私は、**夕食をつくる**。

make dinner
夕食をつくる

□ サラダを**つくる**。

make
をつくる

□ カレーを**つくる**。

cook
をつくる（火を使って）

□ 肉を**料理する**。

cook
を料理する

□ オレンジの**皮を剥く**。

peel
の皮を剥く（果物など）

□ リンゴの**皮を剥く**。

pare
の皮を剥く（刃物を使って）

□ タマネギを**細かく刻む**。

chop（up）
を細かく切る

□ ハムを**薄く切る**。

slice
を薄く切る

□ ニンジンを**さいの目に切る**。

dice
をさいの目に切る

□ ニンニクを**すりおろす**。

grate
をすりおろす（おろし金などで）

□ カボチャを**くりぬく**。

scoop out
をくりぬく

主婦——夕食②

I **pod** peas.

I **squash** a tomato.

I **mash** a potato.

I **grind** coffee beans.

I **beat** the eggs.

I **whip** cream.

I **pour** water **into** a bowl.

I **measure** flour with a cup

I **mix** milk with the flour.

I **stir** the flour.

I **knead** the flour.

83

□ 私は、サヤエンドウの**さやを剥く**。
pod
さやを剥く（豆の）

□ トマトを**つぶす**。
squash
をつぶす（軟らかいもの）

□ ジャガイモを**すりつぶす**。
mash
をすりつぶす

□ コーヒー豆を**すりつぶす**。
grind
をすりつぶす（硬いもの）

□ 卵を**かき混ぜる**。
beat
をかき混ぜる

□ クリームを**かき混ぜる**。
whip
をかき混ぜる（クリーム・卵白など）

□ ボウルに水を**注ぐ**。
pour ～ into …
～を…に注ぐ

□ カップで小麦粉を**量る**。
measure
を量る

□ 小麦粉にミルクを**混ぜる**。
mix
を混ぜる

□ 小麦粉を**かきまわす**。
stir
をかきまわす

□ 小麦粉を**こねる**。
knead
をこねる

主婦──夕食③

I **grill** fish.

I **roast** meat.

I **broil** meat.

I **barbecue** meat.

I **fry** an egg.

I **bake** bread.

I **boil** rice.

I **simmer** the stew.

I **stew** beef.

I **boil** over a high flame.

I **boil** the eggs.

84

□ 私は、魚を**焼く**。 grill
を焼く（網で）

□ 肉を**焼く**。 roast
を焼く（オーブン・直火で）

□ 肉を**あぶり焼きにする**。 broil
をあぶり焼きにする

□ 肉を**焼く**。 barbecue
を焼く（バーベキューコンロで）

□ 卵を**焼く**。 fry
を焼く（フライパンで）

□ パンを**焼く**。 bake
を焼く（パン・クッキーなど）

□ ご飯を**炊く**。 boil
を炊く

□ シチューを**とろ火でぐつぐつ煮込む**。 simmer
をとろ火でぐつぐつ煮込む

□ ビーフを**とろ火で煮込む**。 stew
をとろ火で煮込む

□ 強火で**煮る**。 boil
を煮る

□ 卵を**ゆでる**。 boil
をゆでる

主婦——夕食④

I **fry** the vegetables.

I **deep-fry** shrimp.

I **steam** a meat bun.

I **season** meat with pepper.

I **flavor** a soup with mushrooms.

I **taste** the soup.

I **sweeten** the soup a little.

I **add** two spoonfuls of sugar.

I **salt** the soup.

I **water down** the soup.

I **pick up** a bean with chopsticks.

85

□ 私は、野菜を**炒める**。	fry を炒める
□ エビを**揚げる**。	deep-fry を揚げる
□ 肉まんを**蒸す**。	steam を蒸す
□ コショウで肉に**味つけする**。	season に味つけする
□ キノコでスープに**風味をつける**。	flavor に風味をつける
□ スープの**味をみる**。	taste の味をみる
□ スープを少し**甘くする**。	sweeten を甘くする
□ スプーン2杯の砂糖を**加える**。	add を加える
□ スープに**塩味をつける**。	salt に塩味をつける
□ スープを**水で薄める**。	water down を水で薄める
□ はしで豆を**つまむ**。	pick up をつまむ

189

主婦——夕食⑤

I **freeze** meat in the freezer.

I **defrost** frozen food.

I **chill** the beer.

I **cool** the soup.

I **set** the table.

I **set the dishes** on the table.

I **fill** a bowl with rice.

I **ladle** the miso soup.

I **pour** the miso soup **into** a bowl up to the brim.

I **open a bottle** of beer.

I **uncork** the wine bottle.

86

□ 私は、冷凍庫で肉を**冷凍する**。	freeze	を冷凍する
□ 冷凍食品を**解凍する**。	defrost	を解凍する
□ ビールを**冷やす**。	chill	を冷やす
□ スープを**冷やす**。	cool	を冷ます
□ 食卓を**用意する**。	set	を用意する
□ テーブルに**料理を並べる**。	set the dishes	料理を並べる
□ ご飯を茶碗に**盛る**。	fill	に盛る
□ 味噌汁を**よそう**。	ladle	をよそう（おたまで）
□ おわんに味噌汁をなみなみと**注ぐ**。	pour ～ into …	～を…に注ぐ
□ ビールの**栓を抜く**。	open a bottle	ビンの栓を抜く
□ ワインの**コルクを抜く**。	uncork	のコルクを抜く

191

主婦——食後

I **clean the table**.

I **pour out** the soup into the sink.

I **put a stopper** in the sink.

I **fill** the sink **with** water.

I **do the dishes**.

I **scrub** the pot.

I **pull a stopper out** of the sink.

I **drain** the sink.

I **put** garbage **in** a plastic bag.

I **put back** the dishes.

I **sharpen** a kitchen knife on a whetstone.

87

☐ 私は、**食事の後片づけをする**。	clean the table 食事の後片づけをする
☐ スープを流しに**流す**。	pour out を流す
☐ 流しに**栓をする**。	put a stopper 栓をする
☐ 流しを水で**満たす**。	fill 〜 with … 〜を…で満たす
☐ **皿を洗う**。	do the dishes 皿を洗う
☐ 鍋をごしごし**洗う**。	scrub をごしごし洗う
☐ 流しの**栓を抜く**。	pull a stopper out 栓を抜く
☐ 流しの**排水をする**。	drain の排水をする
☐ 生ゴミをビニール袋に**入れる**。	put 〜 in … 〜 を…に入れる
☐ 食器を**戻す**。	put back を戻す
☐ 砥石で包丁を**研ぐ**。	sharpen を研ぐ

OL──フィットネスクラブ

I **step on** the scales.

I **weigh** myself.

I **measure** my waist.

I **take my pulse**.

I **warm up**.

I **pedal** a bicycle.

I **take** light **exercise**.

I **jog** on the running machine.

I **quicken** my pace.

I **lift** a barbell.

I **take a deep breath**.

88

☐ 私は、体重計に**乗る**。	step on	に乗る
☐ 体重を**測る**。	weigh	体重を測る
☐ ウエストを**測る**。	measure	を測る（長さ・容積など）
☐ **脈拍をとる**。	take one's pulse	脈拍をとる
☐ **準備運動をする**。	warm up	準備運動をする
☐ 自転車の**ペダルを漕ぐ**。	pedal	のペダルを漕ぐ
☐ 軽い**運動をする**。	take exercise	運動をする
☐ ランニングマシンで**ゆっくりと走る**。	jog	ゆっくりと走る
☐ ペースを**速める**。	quicken	を速める
☐ バーベルを**持ち上げる**。	lift	を持ち上げる
☐ **深呼吸をする**。	take a deep breath	深呼吸をする

会社員──飲み屋①

I **go in** a bar with a fellow worker.

I **split the bill**.

I **drink a toast**.

I **gulp down** a mug of beer.

I **drink up** the beer in one gulp.

I **fill** the glass **with** sake.

I **sip** sake.

I **down** a cup of sake.

I **get drunk**.

I **get dead drunk**.

I **get terribly drunk**.

89

□ 私は、同僚と一緒にバーに**入る**。
go in
に入る

□ 支払いを**割り勘にする**。
split the bill
割り勘にする

□ **乾杯する**。
drink a toast
乾杯する

□ ジョッキ1杯のビールを**ごくごく飲む**。
gulp down
をごくごく飲む

□ ビールを一気に**飲み干す**。
drink up
を飲み干す

□ グラスを日本酒で**満たす**。
fill 〜 with …
〜を…で満たす

□ 日本酒を**ちびちび飲む**。
sip
をちびちび飲む

□ 1杯の日本酒を**ぐいっと飲み干す**。
down
をぐいっと飲み干す（口語的）

□ **酒に酔う**。
get drunk
酒に酔う

□ **へべれけに酔いつぶれる**。
get dead drunk
へべれけに酔いつぶれる

□ **泥酔する**。
get terribly drunk
泥酔する

197

会社員──飲み屋②

I **talk with** a fellow worker **about** work.

I **talk frankly**.

I **boast of** my results.

I **lower my voice**.

I **murmur** something.

I **talk in a subdued voice**.

I **mutter**.

I **complain about** my boss.

I **speak quietly**.

I **talk in a tearful voice**.

I **talk in tears**.

90

☐ 私は、同僚と仕事について**話す**。	talk with 〜 about … 〜と…について話す
☐ **ざっくばらんに話す**。	talk frankly ざっくばらんに話す
☐ 自分の業績を**自慢する**。	boast of を自慢する
☐ **声をひそめる**。	lower one's voice 声をひそめる
☐ 何かを**ぶつぶつつぶやく**。	murmur ぶつぶつつぶやく
☐ **ぼそぼそと話す**。	talk in a subdued voice ぼそぼそと話す
☐ **ぶつぶつ言う**。	mutter ぶつぶつ言う(不満を持って)
☐ 上司のことで**不平を言う**。	complain about のことで不平を言う
☐ **しんみりと話す**。	speak quietly しんみりと話す
☐ **涙声で話す**。	talk in a tearful voice 涙声で話す
☐ **涙ながらに話す**。	talk in tears 涙ながらに話す

199

会社員——繁華街

I **go bar-hopping**.

I **stagger**.

I **yell**.

I **raise my voice**.

I **piss** in the street.

I **belch**.

I **spit out** phlegm.

I **throw up**.

I **flop down** on the road.

I **sober up**.

I **shiver** with cold.

91

□ 私は、**飲み歩く**。
go bar-hopping
飲み歩く

□ **ふらふら歩く**。
stagger
ふらふら歩く

□ **わめく**。
yell
わめく

□ **声を張りあげる**。
raise one's voice
声を張りあげる

□ 立ち**小便をする**。
piss
小便をする(卑語)

□ **げっぷをする**。
belch
げっぷをする

□ たんを**吐く**。
spit out
を吐く

□ へどを**吐く**。
throw up
吐く

□ 道に**べったりと座る**。
flop down
べったり座る

□ **酔いをさます**。
sober up
酔いをさます

□ 寒さで**震える**。
shiver
震える

201

ママさん──クラブ

I **greet** my customer.

I **exchange greetings**.

I **show** him to his seat.

I **walk gracefully**.

I **hand** him a moist towel.

I **beckon to** a girl.

I **call** a girl **over**.

I **introduce** the girl to him.

I **listen to** him.

I **nod** silently.

I **follow his talk**.

92

☐ 私は、お客を**迎える**。	greet を迎える
☐ **挨拶を交わす**。	exchange greetings 挨拶を交わす
☐ 席に彼を**案内する**。	show を案内する（口語的）
☐ **しとやかに歩く**。	walk gracefully しとやかに歩く
☐ おしぼりを**手渡す**。	hand を手渡す
☐ 女の子を**手招きする**。	beckon to を手招きする
☐ 女の子を**こちらに呼ぶ**。	call ～ over ～ をこちらに呼ぶ
☐ 彼の女の子を**紹介する**。	introduce を紹介する
☐ 彼の話を**聞く**。	listen to を聞く（注意深く）
☐ 黙って**うなずく**。	nod うなずく
☐ 彼の話に**あいづちを打つ**。	follow one's talk にあいづちを打つ

OL──カラオケ

I **enter** a karaoke booth.

I **sing** a Beatles' song.

I **sing softly**.

I **sing loudly**.

I **sing superbly**.

I **sing gently and softly**.

I **sing with emotion**.

I **sing with enthusiasm**.

I **sing a duet**.

I **sing out of tune**.

I **hum a tune**.

93

☐ 私は、カラオケボックスに**入る**。
enter
に入る（文語的）

☐ ビートルズの歌を**歌う**。
sing
を歌う

☐ **小さな声で歌う**。
sing softly
小さな声で歌う

☐ **大声で歌う**。
sing loudly
大声で歌う

☐ **堂々と歌う**。
sing superbly
堂々と歌う

☐ **しっとりと歌う**。
sing gently and softly
しっとりと歌う

☐ **感情を込めて歌う**。
sing with emotion
感情を込めて歌う

☐ **熱狂的に歌う**。
sing with enthusiasm
熱狂的に歌う

☐ **デュエットする**。
sing a duet
デュエットする

☐ **調子はずれに歌う**。
sing out of tune
調子はずれに歌う

☐ **ハミングする**。
hum a tune
ハミングする

205

主婦——通夜

I **attend** a wake for my mother.

I **hold back** my tears.

I **weep**.

I **cry** with grief.

I **sob**.

I **shed** tears.

I **break down and bawl**.

I **wail**.

I **cry bitterly**.

I **heave with sobs**.

I **cry all night**.

94

☐ 私は、母の通夜に**出る**。	attend に出る	
☐ 涙を**こらえる**。	hold back をこらえる	
☐ **泣く**。	weep 泣く（涙を流して）	
☐ 悲しみのあまり**泣く**。	cry 泣く	
☐ **すすり泣く**。	sob すすり泣く	
☐ 涙を**流す**。	shed 流す	
☐ **わーっと泣き伏す**。	break down and bawl わーっと泣き伏す	
☐ **泣き叫ぶ**。	wail 泣き叫ぶ	
☐ **おいおい泣く**。	cry bitterly おいおい泣く	
☐ **しゃくりあげる**。	heave with sobs しゃくりあげる	
☐ **泣き明かす**。	cry all night 泣き明かす	

207

学生――勉強

I **study hard** for a test.

I **review** the English **lesson**.

I **learn** English words **by heart**.

I **recite** English words.

I **pronounce** English words.

I **spell** a word correctly.

I **learn** a textbook **by rote**.

I **concentrate on** my studies.

I **focus** my attention.

I **am tired out**.

I **rest** for an hour.

95

□ 私は、テストに備えて**一生懸命勉強する**。	study hard 一生懸命勉強する
□ 英語の**復習をする**。	review ～ lesson ～の復習をする
□ 英単語を**暗記する**。	learn ～ by heart ～を暗記する
□ 英単語を**暗唱する**。	recite を暗唱する
□ 英単語を**発音する**。	pronounce を発音する
□ 単語を正しく**つづる**。	spell をつづる
□ 教科書を**丸暗記する**。	learn ～ by rote を丸暗記する
□ 勉強に**集中する**。	concentrate on に集中する
□ 注意を一点に**集中する**。	focus を集中する（注意を一点に）
□ **疲れ果てる**。	be tired out 疲れ果てる
□ 1時間**休む**。	rest 休む

209

会社員——テレビ

I **loll around** on the carpet.

I **turn on** the TV.

I **watch** a ball game on TV.

I **change** the channel.

I **turn to** Channel 7.

I **insert** a tape **into** a VCR.

I **operate** the VCR.

I **rewind** the tape.

I **play back** a program on the VCR.

I **videotape** a program.

I **turn off** the TV.

96

□ 私は、カーペットの上に**寝そべる**。	loll around 寝そべる	
□ テレビを**つける**。	turn on をつける	
□ テレビで野球を**見る**。	watch を見る	
□ チャンネルを**替える**。	change を替える	
□ 7チャンネルに**替える**。	turn to に替える	
□ ビデオデッキにテープを**入れる**。	insert ～ into … ～を…に入れる	
□ ビデオを**操作する**。	operate を操作する	
□ ビデオテープを**巻き戻す**。	rewind を巻き戻す	
□ 番組をビデオで**再生する**。	play back を再生する	
□ 番組を**録画する**。	videotape を録画する	
□ テレビを**消す**。	turn off を消す	

会社員——風呂

I **pull the plug out of** the bath.

I **clean** the bathtub.

I **put the plug in** the bath.

I **pour** water **into** the bathtub.

I **get** a bath **ready**.

I **take the temperature**.

I **take a bath**.

I **plunk myself into** the bathtub.

I **soak myself in** the hot bath.

I **bathe** a baby.

I **hum** a song.

97

□ 私は、風呂の栓を抜く。
pull the plug out of
の栓を抜く

□ 浴槽を洗う。
clean
を洗う

□ 風呂の栓をする。
put the plug in
の栓をする

□ 浴槽に水を入れる。
pour 〜 into …
〜を…に入れる

□ 風呂の準備をする。
get 〜 ready 〜
の準備をする

□ 温度を測る。
take the temperature
温度を測る

□ 風呂に入る。
take a bath
風呂に入る

□ 浴槽にざぶんと入る。
plunk oneself into
にざぶんと入る

□ 熱い湯にどっぷりつかる。
soak oneself in
につかる

□ 赤ちゃんを風呂に入れる。
bathe
を風呂に入れる

□ 鼻歌を歌う。
hum
鼻歌を歌う

OL—自宅

I **step out of** a bathtub.

I **wrap** a towel around my body.

I **listen to** a CD.

I **apply** cream to my face.

I **trim** my eyebrows.

I **shave** my armpit hair.

I **clip** my toenails.

I **do my nails**.

I **pluck** my gray hair.

I **dye my hair** brown.

I **curl** my hair.

98

☐ 私は、浴槽から**出る**。	step out of から出る
☐ タオルを体に**巻く**。	wrap を巻く
☐ CD を**聴く**。	listen to を聴く
☐ 顔にクリームを**塗る**。	apply を塗る
☐ 眉毛を**切りそろえる**。	trim を切りそろえる
☐ 脇毛を**剃る**。	shave を剃る
☐ 足の爪を**ぱちんと切る**。	clip をぱちんと切る
☐ **爪の手入れをする**。	do one's nail 爪の手入れをする
☐ 白髪を**引き抜く**。	pluck を引き抜く
☐ 茶色に**髪を染める**。	dye one's hair 髪を染める
☐ 髪を**カールする**。	curl をカールする

お母さん──就寝

I **lay out** the bedding.

I **cradle** my baby.

I **humor** my baby.

I **lull** my baby.

I **spread a quilt** over my baby.

I **set** the alarm for seven o'clock.

I **set** the alarm two minutes **ahead**.

I **set** the alarm one minute **back**.

I **put out the light**.

I **go to bed**.

I **get into** bed.

99

□ 私は、布団を**敷く**。	lay out	を敷く
□ 赤ちゃんを**抱いてあやす**。	cradle	を抱いてあやす
□ 赤ちゃんを**あやす**。	humor	あやす
□ 赤ちゃんを**寝かしつける**。	lull	を寝かしつける
□ 赤ちゃんに**布団をかける**。	spread a quilt	布団をかける
□ 目覚ましを7時に**合わせる**。	set	を合わせる
□ 時計を2分**進める**。	set ～ ahead	～を進める
□ 時計を1分**戻す**。	set ～ back	～を戻す
□ **消灯する**。	put out the light	消灯する
□ **床に就く**。	go to bed	床に就く
□ ベッドに**潜り込む**。	get into	に潜り込む

会社員——睡眠

I **pull** the quilt **over my head**.

I **sleep** peacefully.

I **toss and turn**.

I **grind my teeth**.

I **snore** loudly.

I **have a** terrible **dream**.

I **talk in my sleep**.

I **sweat in my sleep**.

I **drool**.

I **fall** sound **asleep**.

I **sleep like a log**.

100

□ 私は、掛け布団を**かぶる**。
pull ~ over one's head
~をかぶる

□ すやすやと**眠る**。
sleep
眠る

□ **寝返りを打つ**。
toss and turn
寝返りを打つ

□ **歯ぎしりする**。
grind one's teeth
歯ぎしりする

□ 大きな**いびきをかく**。
snore
いびきをかく

□ 怖い**夢を見る**。
have a dream
夢を見る

□ **寝言を言う**。
talk in one's sleep
寝言を言う

□ **寝汗をかく**。
sweat in one's sleep
寝汗をかく

□ **よだれを垂らす**。
drool
よだれを垂らす

□ ぐっすり**眠り込む**。
fall asleep
眠り込む

□ **死んだように眠る**。
sleep like a log
死んだように眠る

**リーディングチェックチャートに記入して、
もう一度読み返してください。**

ヤバいくらい使える
日常動作 英語表現 1100

著　者　リック西尾
発行者　真船美保子
発行所　KK ロングセラーズ
　　　　東京都新宿区高田馬場 2-1-2　〒 169-0075
　　　　電話（03）3204-5161（代）　振替　00120-7-145737
　　　　http://www.kklong.co.jp
印　刷　中央精版印刷　　製　本　難波製本

落丁・乱丁はお取り替えいたします。
※定価と発行日はカバーに表示してあります。
ISBN978-4-8454-5038-1　C0282　　Printed In Japan 2017